KB061447

12
본격
한중일
세계사

본격 한중일 세계사

12 임오군란과 통킹 위기

초판 1쇄 발행 2021년 12월 1일 **초판 3쇄 발행** 2024년 6월 19일

지은이 굽시니스트
펴낸이 최순영

출판2 본부장 박태근
지적인 독자 팀장 송두나
편집 김광연

펴낸곳 ㈜위즈덤하우스 **출판등록** 2000년 5월 23일 제13-1071호
주소 서울특별시 마포구 양화로 19 합정오피스빌딩 17층
전화 02) 2179-5600 **홈페이지** www.wisdomhouse.co.kr

ISBN 979-11-6812-083-9 04900
979-11-6220-324-8 (세트)

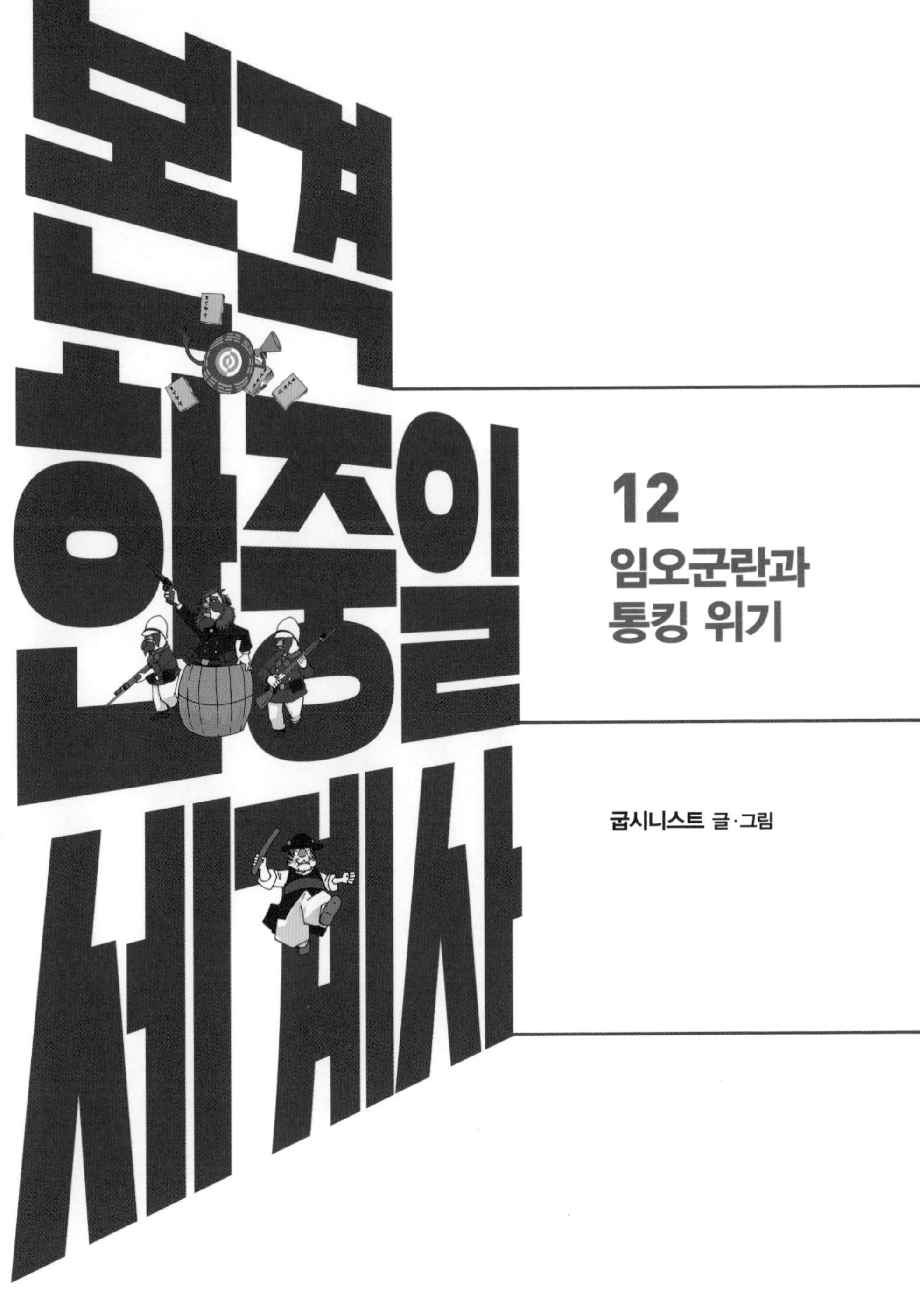

12

임오군란과 통킹 위기

굽시니스트 글·그림

위즈덤하우스

머리말

코로나 19 백신 2회차를 맞고 꽤 지독한 두통에 며칠 시달렸습니다. 모니터를 바라보기만 해도 눈 뒤쪽을 비틀어 짜는 듯한 통증이 으아아아아. 그래도 전 국민 백신 접종률이 이 정도에 이르렀으니 역병 시국의 출구도 머지않았다는 희망을 품어봅니다만, 2021년 말인 지금도 여전히 확진자가 넘쳐나고 있는지라 안심할 수 없습니다. ㅇㅇ, 세상에 대해 도저히 안심할 수 없는 시국이지요. 세계는 경제 위기와 더불어 온갖 정치 위기를 겪고 있으며, 궁극적으로는 기후 위기가 초래할 암울한 디스토피아만이 정해진 운명인 것처럼 보입니다. 나라 안에서는 이런저런 갈등상과 탈력(脫力) 징후들이 사람들의 마음을 피폐하게 하고 있습니다. 세상이 대충 망해가고 있는 걸까요.

물론 아무리 세상이 망해가고 있는 것처럼 보여도 19세기 말 조선 사람들이 느꼈을 세상 망조에 비할 바는 아니겠지요. 도성 서울에서 군졸들의 난이 일어나 대신들이 참살당하고 세도가들의 집은 약탈당하고 왕비는 죽었는지 도망갔는지 알 수 없는 상황. 누구라도 아, 이 나라는 대충 망했구나— 라고 여길 수밖에 없겠지요. 흔히들 임오군란이 조선 왕조 멸망의 결정적 트리거였다고 말합니다. 난리의 실체는 왕조 말기 온갖 병폐의 집약체였고, 그 결과는 외세의 개입에 따른 국가 자주권의 치명적 훼손이었으니 말입니다.

그 와중에 유럽에서는 벨에포크의 번영기를 구가하고 있었다는데 말이죠. 하지만 사실 저들의 벨에포크도 머지않은 다음 세기, 미증유의 지옥불 세계 종말 대전쟁을 맞이할 것이니, 세상은 대충 망해가고 있던 게 맞는 것 같습니다.

모든 세대는 저마다의 망해가는 세상을 가지고 있고, 역사 대부분의 시공간에서 세상은 항상 망해가는 중이라 할 수 있다는데 말입니다. 그 멸망의 삼각함수 물결 위에 올라앉아 오르락내리락 앞으로 나아가는 세상. 140여 년 전 망해가는 세상을 관조하며 책장을 넘기는 우리는 그 아포칼립스에서 꽤 멀리 온 것 같습니다. 그리고 아마도 오늘의 망조들에 투덜거리며 더욱 멀리 가야겠지요.

2021년 11월

굽시니스트

차례

제 1 장

ILI CRISIS

야쿱 벡이 신강에서
에미르 놀음하는 동안,
러시아는 중앙아시아에서
자신들의 세력권을 착실하게
정리해 나갔습니다.

1875년에는 드디어
히바 칸국을 복속시켜
우즈벡 3국 모두 석권!

끄억;;
1876년에는
코칸트 칸국을
완전히 멸망시키고
직할령으로 편입.
러시아
일리
청
히바
부하라
코칸트
투르크멘
카쉬가리아
오스만
페르시아
아프간
티베트
영국령 인도

그리고 전술한 바와 같이, 신강 무슬림 봉기 시기를 틈타
1872년에 봉기가 일어난 일리를 러시아군이
점거했던 것입니다.

뭐, 러시아가
갑자기
튀어나와?!
카쉬가리아
러시아
카자흐스탄
일리
청
히바
부하라
코칸트
투르크멘
카쉬가리아
오스만
아프간
티베트
영국령 인도
반란으로 무법 지대가 된
일리 지역에 마적들이 날뛰면서
인근 러시아령에도 피해가 큰지라,
치안 유지를 위해 맡아주는 거죠~ㅎ
(뭐, 야쿱 벡 정권의 성패 여하에 따라
그냥 우리 땅이 될 수도 있는 거고~ㅎ)

외무성의 예측에 따르면
청조가 야쿱 벡을 근시일 안에
토벌하는 건 현실적으로
어려울 거라고 했는데-

역적 놈들!!!
한 방에 알라 곁으로
보내주마!!!

러시아
일리
청
히바
부하라
코칸트
투르크멘
오스만
페르시아
아프간
티베트
령 인도

1878년, 청군은 모두의 예상을 깨고
빠르게 신강 전역을 평정.

.....
자, 이제 불난 집에서
훔쳐 간 우리 땅 일리
반환하시오.

일리
돌려주시죠.
청조는
일리 지역 반환을 논하기 위해
러시아로 前 삼구통상대신
숭후를 파견(나름 유럽통).
밀류틴 백작
일리를 돌려달란
말씀인즉슨—
일리
알마티
우루무치
카쉬가르
1리(里)를 돌려달란
말씀이신지?
중국의 1里는
약 500미터.
예?
우리 러시아의 톨스토이 선생이 쓴
《사람은 얼마만큼의 땅이 필요한가?》
-라는 단편이 있습니다. 어차피 죽으면
내 한 몸 묻을 땅이면 족한 것을,
우리는 왜 그리 땅에 집착하는 걸까요.
예?
다 일리 있는
얘기지요.
러시아가
제시한
반환분.
일리
우루무치
알마티
안 돌려주고
러시아가 먹는 부분.
카쉬가르
일리성은 청나라에
돌려드리겠습니다~!
러시아는 일리성 밖의
황무지만으로
족합니다~ㅎ

아, 그리고 저희가 일리성에 있는 동안 관리비, 공과금 다 내고, 하자 보수도 하고, 건물, 도로, 와이파이 등등 최첨단 인프라를 구축해 놨는데, 그건 중국 측에서 돈을 내주셔야…
어;; 얼마를;;
완전 손해지만, 500만 루블만 받겠습니다.

그렇게 1879년 10월, 크림반도 리바디아에서 일리 반환 협정인 리바디아조약 체결.

하~ 이거 진짜 러시아가 밑지는 조약이라고요~ㅎ
……,,,,,,

러시아가 점거했던 땅 중에 일리성 포함 20%는 돌려준답니다;; 돌려받는 비용으로 500만 루블- 우리 돈으로 250만 냥 정도 내야 하고요;;

숭후가 베이징으로 가져온 조약문에 조정은 발칵 뒤집히고.

숭후의 목을
치시옵소서!!!
저 호구의
목을 쳐라!!
숭후는 체포되어
사형 선고를 받는다.
일본 해군 1년 예산이
200~300만 냥이라더만;

1880년, 청 조야는
강경론으로 들끓는다.
내 이럴 줄 알고!! 신강 원정의
최종 보스로 러시아를 염두에 두고
이리 오버 스펙 군비를 갖춘 것이외다!!
이제 맞서 싸울 수밖에 없다!
점심은 모스크바에서!
저녁은 상트페테르부르크에서!!
내 이름은 중국사를 넘어
세계사 명장열전,
나폴레옹 옆 페이지에
실릴 것이다!!
…아니,
세계 요리 대사전에
실릴 겁니다…

중앙아시아로
병력 증파!
중국 놈들, 서양 몽둥이
참교육 유효 기간 지났나?
갱신해 줘야겠구먼!
알렉산드르 2세
중국 놈들이 근간
서양 무기를 좀 갖췄다곤 하지만,
그 제식 소총은 허접한 뚜껑 방식
스나이더 소총!

청조의 강경한 움직임에
러시아도 반응해-

그에 비해 우리 러시아군의 소총은
명품 볼트 액션 라이플, 베르단 2 소총!!
영국의 마티니보다는
살짝 딸리지만…

아, 그러십니까?!

그러면 우리는 독일제 볼트 액션
마우저 게베어 주문!!!

총알 배송 도착!!
총알이 총알 배송으로
오는구먼!!

1880년, 중국은
유럽에서 대규모 무기 수입.

천조의 재정은 화수분과 같으니
최신 무기 따위, 유럽에서 끝없이
사오면 된다!!

1880년 4월, 러시아는 발틱 함대를 나눠
레소프스키 제독이 이끄는 23척의 함선을
동양으로 급파한다.

텐진과 상하이를 우리 함대가 불바다로 만들어도 그리 쇼핑질 할 수 있나 함 봅시다.
레소프스키 함대는 중국 연해를 핥으며 블라디보스토크로.
블라디보스토크
텐진
상하이

이 레소프스키 함대의 동양 출현은
조선과 일본에도 큰 충격과 공포를 안겨준다.

으어; 러시아 놈들이 겸사겸사 조선 개국이나 시켜볼까- 하고 밀고 들어오면 어카지??;;
음… 러시아 놈들은 여차하면 발틱 함대를 이 멀리까지도 보내는구나;

아편전쟁 때 베이징에서 빤스런하던 기억은 벌써 지우셨남~
슬라브족이 몽골 징세관 발톱 때 빨아 먹던 시절은 기억 못 하는갑네.
……
영국은 이 일리 위기를 흥미롭게 관찰하며 개입각을 잰다.

신강 원정과 일리 위기가 진행되던 1878~80년.

영국은 2차 아프간전쟁 진행 중이었지요;

탕

러시아

아프간 실 알리 칸 정권의 반영 행보에 영국이 대응하며 시작된 전쟁은 우여곡절 끝에 2년여를 끌게 되고.

청

신사의 복수는 40년이 걸려도 늦지 않다!

아프간

티베트

영국령 인도

1880년 영국은 아프간 전역을 평정하고 속국화한다.

빽

그러고 나서 위를 보니,
러시아인들이 철도를 깔고 있네?
집 떠나와 열차 타고~ 목화 따러~ 가는 날~♪
신영토의 면화와 각종 자원을 카스피해와 흑해를 거쳐 러시아 본토로 가져오는 철도지요~!
러시아
1879년 트랜스 카스피안 철도 건설 시작!
일리
청
오스만
페르시아
아프간
티베트
영국령 인도
페르시아와 아프간 바로 위를 지나가는 철도라니;; 이 동네 유사시에 러시아군 병력 전개 능력 쩔겠는데;;

중앙아시아에서 러시아 세력 강화에
크게 위협을 느낀 영국은

동투르키스탄에서 러시아와 중국의 대립각이
만들어지는 건 크게 반길 일!!
청나라 화이팅!! 중꿔 짜요!!
중국을 뒤에서 응원하며
군사 고문단 파견까지 제의한다.
그런 응원과 조언을 위해
찰스 조지 고든을 중국으로 파견.
이야, 역시
(수단과 방법을
가리지 않고)
크게 출세하셨군요.
Mr. 고든은 관상을 보니
요 몇 년, 액운을
조심하셔야겠소이다.

그렇게 대놓고 중국을 지원하는 영국을
필두로 열강은 대체로 팝콘 타임 포지셔닝.
이야~ 대륙의 大제국
2개가 존재하기에는
역시 유라시아가
좁지~ 좁아~
베를린 회의에 이은
유럽 놈들의 더러운 왕따 놀이…
기독교 백인 문명 형제애가
소멸한다…
Coke

그러한 외교적 고립 외에도
러청전쟁 터지면, 봉기각?
ㅇㅇ, 잘하면 로스케들 다 몰아낼 수 있을 듯.
전쟁 나면 저놈들이 반드시 뒤에서 다 들고일어나겠지;;
복속한 지 얼마 안 된 중앙아시아 제 세력들의 반란 가능성도 걱정거리.

청나라도 마찬가지로–
앞에서는 큰소리쳤지만;;;
서양 열강 일진 러시아제국을 상대로 전쟁을 벌인다는 건, 솔직히 국운을 건 묻지 마 베팅이지;;

더구나 저 러시아 함대가 진짜로 중국 항구들 다 불태워 버리면 그 피해는 감당이 안 될 건데;
으어; 신형 철갑함이다;;

이렇게 러시아와 청, 양측 모두 전쟁을 바라지 않는 사정이 맞아떨어지니 1880년 8월, 협상이 재개되며 위기 정국이 어느 정도 해소된다.

거, 일단 우리 쪽 체면과
인도주의적 견지에서 그쪽
협상 대표였던 숭후 씨를
사면해 주시지요.
ㅇㅇ, 설마 진짜로
처형할 줄 알았소?
숭후 사면함.

성은이 망극하옵니다~
쎄~쎄~

러시아 측과 유럽 각국의 구명 요청으로 숭후는 사면되고.

1880년 말, 새 협상 대표인 주불·주영 겸임 공사 증기택이 상트페테르부르크로 향한다.

주불 공사 증기택(증국번의 장남)
전쟁이다! 전쟁!
남자답게 선전포고
쌔려버려!! 선친의 이름에
부끄럽지 않게!!
돈으로
백성의 목숨과 나라의
평화를 살 수 있다면
얼마라도 비싼 게
아니니 대충 잘
조율해 주게~

뭐, 이 판국까지 이르렀으니 우리도 일리 땅을 굳이 고집하지 않겠습니다. 다만 그쪽에서도 좀 양보해 주셔야~
도둑놈에게 장물 돌려달라고 하는데, 주인도 뭔가 양보하라는 소리는 얼척없군요.
아니, 솔까, 중국도 100년 전에 힘으로 뺏은 땅이잖습니까;
힘이 아니라 천명이오, 천명.

기르스 외무상 대행

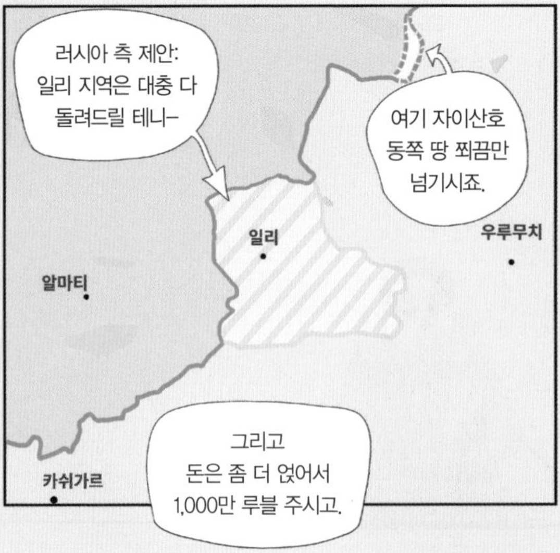

러시아 측 제안: 일리 지역은 대충 다 돌려드릴 테니-

여기 자이산호 동쪽 땅 쬐끔만 넘기시죠.

일리

우루무치

알마티

카쉬가르

그리고 돈은 좀 더 얹어서 1,000만 루블 주시고.

아, 좀 깎아줘요;;

900만 루블 이하로는 안 됨요.

元

하; 더럽지만 뭐 그리합시다.

그렇게 1881년 2월, 일리 반환과 국경 조정을 결정지은 상트페테르부르크조약 체결.

근데, 그 고르차코프 각하는
어떻게 한번 뵐 수 있을는지요?
19세기 외교계의 거인을 꼭 뵙고
싶습니다만~
아, 고르차코프
각하께서는;
재작년 베를린 회의 결과에
화병이 크게 터지셔서 이후로 세상 놓으시고
휴양지에서 요양 중이십니다;;
크아아아악!!!!!
비스마르크!!!!!!!!!
아이고 저런;

사실 이 1880년 일리 위기 때 러시아가
외교적 고자 상황이었던 건 다
베를린 회의의 결과물이라고 할 수 있죠!
베를린 회의는 발칸반도 무저갱을
열어젖힌 러투전쟁의 결과물이고!!
베를린 회의!
중요한 이야기인데!!
러투전쟁과
베를린 회의
So, 신강 위구르 원정 시기(1876~78)에
유럽에서 벌어졌던 큰 사건인
러투전쟁(1877~78)과 **베를린 회의**를
살펴보고 가겠습니다.

곱씨의 오만잡상

일리라는 지역명은 그곳의 주요 하천인 일리강의 이름을 따서 붙여진 거라고 합니다. 톈산산맥에서 발원해 일리를 거쳐 카자흐스탄의 발하슈Balkhash호까지 이르는 이 일리강은 고대 이래 많은 종족의 젖줄이자 수로 역할을 해주었습니다. (지형적으로 보면 일리는 톈산산맥 너머 서쪽이기에, 이를 카자흐스탄 영역으로 합병하려는 러시아의 의도가 합리적이었다고도 할 수 있겠습니다.) 실크로드와 뱃놀이가 별로 어울리지 않아 보이지만, 이 동네 사람들은 강에서 배 타고 돌아다니며 물고기도 잡으며 살았던 것이죠. 이와 직접적인 연관은 없을 것이나, 투루판吐魯番 샤오허小河 무덤군은 사막으로 알려진 이 지역의 물 문화를 인상적으로 드러낸다 할 수 있겠습니다. 샤오허 무덤군의 무덤들은 각각의 관묘가 모두 작은 배 형태로 만들어져 시신을 감싸고 있고, 그 앞에는 비석 대신 배를 젓는 노를 꽂아두었지요. 물론 까마득한 옛날인 3,700년 전 만들어진 유적인지라 그 시절에는 이 동네에 넓은 호수가 존재했고 강우량도 풍족했을 것입니다. 이 샤오허 무덤군 관련 유물이 서울의 국립중앙박물관에 몇 점 전시되어 있다는 점은 흥미롭지요. 20세기 초 일본 오타니 백작이 중앙아시아에서 쓸어 온 유물 중 일부가 조선총독부에 넘겨져 서울로 왔다가 오늘에 이르게 되었으니, 실로 역사 이야기 속 시공간의 교차점들이 주는 재미는 마르지 않는 것 같습니다.

제 2 장

러투전쟁

러시아가 발칸반도로
남하를 꾀했던
크림전쟁(1853~56)!!
오스트리아
러시아
크림반도
세바스토폴
발칸반도
이스탄불
오스만제국

결국 영국과 프랑스가 오스만제국을 도와
러시아를 뚜까 패고,
러시아의 남진은 봉쇄되었지요!
크흙!! 남진…ㅠㅠ
민족의 숙원
콘스탄티노플로의
남진이…ㅠㅠ

이후 영국과 프랑스가 오스만제국 뒤에 버티고 있는 한 러시아의 남진 기회는 올 수 없는 것이었으니.

남진, 남진 노래
부르지 말고
남진 노래나
불러봐라.
크흙 ㅠㅠ
~맺지 못할 인연일랑
생각을 말자~♬
으따~ 영불 형님들
엉덩이 따땃합니다~

그런데 1860년대부터 오스만제국이 따땃한 엉덩이를 스스로 걷어차기 시작한다.

으잉??!
핫하!! 기독교 놈들
다 죽어라!!
으잉??!

레반트와 소아시아 등 오스만제국 각지에서 기독교 박해, 학살이 이어지고.

특히 1866년, 크레타섬 반란 진압을 위해 오스만제국이 행한 기독교 주민 학살이 전 유럽을 경악시켰다.

기독교도는
죽여도 돼!

크레타섬의 학살은 유럽 언론에 크게 보도되어 영국과 프랑스 여론에 큰 영향을 미치고.

우리가 기독교인 학살하는
이슬람 제국을 지켜주기 위해
기독교 국가랑 싸워야 한다는 건
좀 이상하잖아?!
올ㅋ?

유럽의 민심은 점차 반오스만으로 기운다.

그 와중에 1871년 보불전쟁으로
프랑스가 잠시 유럽 외교 무대에서 탈락.

비스마르크와는
호형호제하는
사이죠~ㅎ
흑해재무장

프랑스의 몰락을 틈타 독일과 죽이 맞은 러시아는
흑해에서 자신들 세력의 재무장을 합법화한다.

내친김에 1873년, 오스트리아 쇤브룬 궁에
오스트리아, 독일, 러시아의 황제들이 모여
삼제동맹 결성!

우리 세 제국은 태어난 날은 다르나
한날한시에 망할 것을
맹세하노라!

프란츠 요제프 1세 빌헬름 1세 알렉산드르 2세

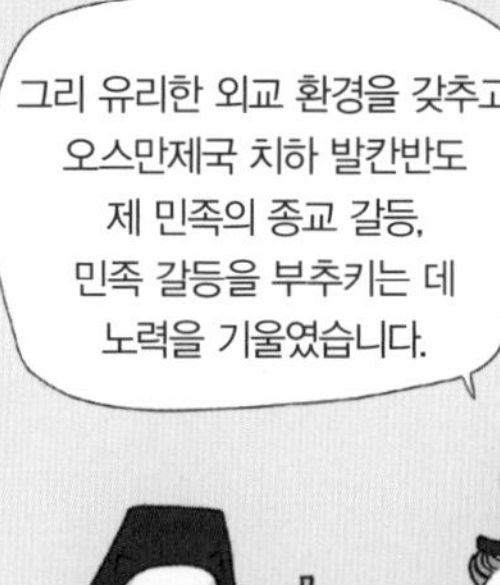
그리 유리한 외교 환경을 갖추고 오스만제국 치하 발칸반도 제 민족의 종교 갈등, 민족 갈등을 부추키는 데 노력을 기울였습니다.

일어나라! 슬라브인들이여!! 일어나라! 정교회 형제들이여!!

알라 후 아크바르!!
세금 못 내겠다!!
발칸반도 명물!! 반란 랠리 페스티벌이다!!

그리고 드디어 1876년, 발칸반도 핵분열 연쇄 반응의 첫 트리거 격발!!!

불가리아가 들고일어났다!!
장내 유해 세균 이제 다 뒤졌다!!!

Meanwhile

1840년대 이래 오스만제국은 유럽을 따라잡기 위한 개혁 정책– 탄지마트를 이어오고 있었습니다.

크림전쟁 이후로 더더욱
서구화의 필요성을
절감하게 되지요.

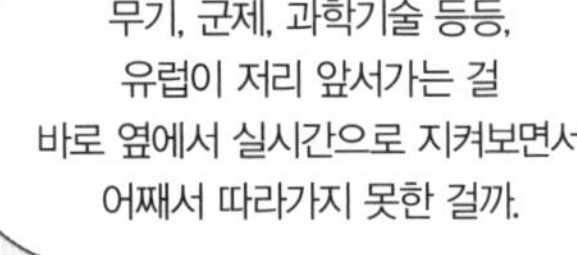
무기, 군제, 과학기술 등등,
유럽이 저리 앞서가는 걸
바로 옆에서 실시간으로 지켜보면서
어째서 따라가지 못한 걸까.

EU에 가입하지
못했기 때문일까…

따지고 보면 오스만제국은
로마제국의 정통 후계자!
우리도 문명 개화해 유럽의
일원이 되지 못할 이유가
무에 있겠는가!
아오, 기독교 따까리나
자처하는 배교자들!!
제국이 흥할 길은 오로지
신앙의 근본으로 돌아가
범이슬람 칼리프국 본연의
모습을 되찾는 것뿐이다!!

–이런 진보 엘리트 계층이 주도하는 개혁 시도에 대한 반동도 강하고.

그런 분위기 속에서
재정 위기가 연달아 닥쳐오고,
기독교도들과 무슬림들의 갈등도
곳곳에서 터져 나오고.

근본적으로, 제국 각지 피지배 민족들의
종교를 곁들인 민족주의 운동이 훨훨
타오르기 시작합니다.

특히 그 양상이 심상찮은 땅, 발칸반도.

세르비아공국과 루마니아공국은
명목상 오스만제국의 속국이지만,
그 속박을 벗어던지기 위해
정교회를 중심으로 민족주의 운동이
훨훨 타오르고 있다.

보스니아인들은
이슬람교도이지만
오스만제국의 통치를
달가워하지 않는다.

오스만제국의
직접 통치를
받는 불가리아인들은
정교회 신도로 언제나
독립을 꿈꾸고 있다.

몬테네그로공국에는
고집 센 정교회
신도들이 산다.

남부 전역에 널리
퍼져 사는 알바니아인들은
그나마 오스만제국에
호의적인
무슬림이다.

뭔가 불길한 기운이
사방에서 피어오르는데;;

발칸반도의 정교회 신도들, 민족주의자들은
러시아의 지원을 업고 1860~70년대
전 기간 계속 소요를 이어오고.

1876년 4월, 불가리아에서 대규모 독립 봉기가 터진 것!

불가리아
독립 만세!!
500년 묵은
변비를 뚫어주마!!

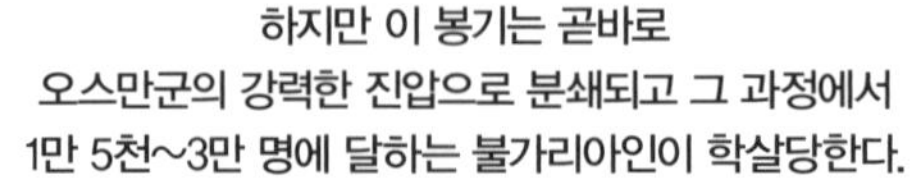
하지만 이 봉기는 곧바로
오스만군의 강력한 진압으로 분쇄되고 그 과정에서
1만 5천~3만 명에 달하는 불가리아인이 학살당한다.

요구르트는
터키 요거트 아이란으로
충분하다!!

이 불가리아 학살로 오스만제국에 대한
유럽 여론의 평판은 바닥을 치게 되고.

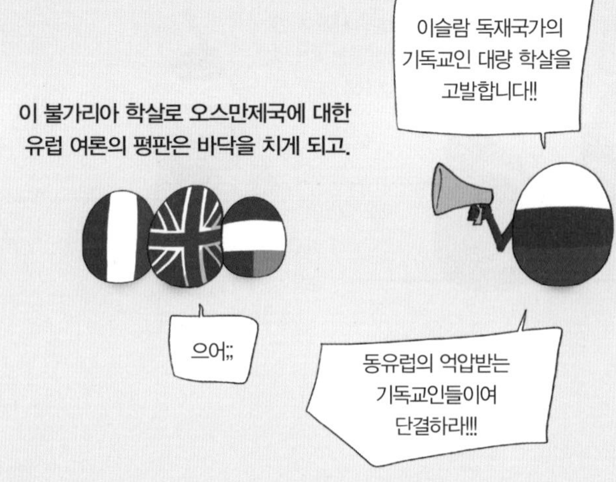
이슬람 독재국가의 기독교인 대량 학살을 고발합니다!!
으어;;
동유럽의 억압받는 기독교인들이여 단결하라!!!

저딴 야만, 비만, 오만, 오스만 놈들에게 더는 칭신하지 않는다!!
세르비아왕국으로 독립 ㄱㄱ!!
러시아 군사고문단이 지도하는 군대로 전쟁에 나섰는데-

이를 트리거 삼아 1876년 6월,
오스만제국의 속국인 세르비아와
몬테네그로가 對오스만 선전포고.

역시 아직은 오스만제국의
이빨이 남아 있어 세르비아
정도는 가볍게 제압해 나간다.

아오! 세르비아! ㅅㄹㅂ아!!
군제 개혁이 효과가 있오스만.

형님! 살려주소!!
패망 위기에 처한 세르비아는 다급히 러시아에 헬프 콜.
으익! 터키 놈들 당장 꺼지지 않으면 전쟁이다!
헐킈?

러시아의 위협에 오스만제국은 군을 거두고 영국에 헬프 콜.
도와줘요, 영국맨~!! 러시아 놈들이 또 남쪽으로 밀고 내려오려는 수작 좀 보스만!
어이구! 러시아 놈들에게 크림전쟁 이후, 간만에 참교육이 필요하겠구먼!

당시 영국 수상은 1874년 총선에서 글래드스턴의 자유당을 처바른 보수당의 디즈레일리.
크핫! 글래드스턴의 밍숭맹숭 외교는 끝이다!! 대영제국에는 제국에 걸맞은 외교가 필요하다!!
뭔가 익숙한 영감의 냄새가 난다···
1875년에 수에즈 운하 지분도 사들였지!!

이제 러시아 놈들이 발칸반도의 정교회, 슬라브 민족주의 소요를 이용해 꼭두각시 정권들 세우고 지중해로 밀고 내려오려는 수작인 모양인데!!
불가리아고 세르비아고 러시아가 말도 못 붙이도록 오스만제국에 꽁꽁 묶어둬 주마!
러시아를 막기 위해 2차 크림전쟁도 불사한다!!

가자! 대영제국-
잉?;; 왜 안 움직이냐?
덜컥 덜컥

아이고!!! 선량한 영국의
크리스천 국민이여!!!
불가리아에서 수많은 기독교인이
무슬림들에게 살해당했는데!!
이 미친 정부는 오스만제국을
돕겠다니, 이 무슨
어처구니 실종 사태?!
크억;
글래드스턴이;;
아니, 내가 진짜 저 양반이
유대인이라는 얘기까지는
꺼내고 싶지 않은데-

글래드스턴이 주도하는 야권과 언론의 불가리아 동정론, 오스만제국 혐오 정서가 런던의 메인 스트림이 되어, 정부의 지원책을 좌초시킨다.

하, 크림전쟁에서
우리 군인들이
떼로 죽어나간 게
저딴 이슬람 전제정권을
지키기 위함이었나?!

결국 영국은 오스만제국 지원– 뽥러 강경책 대신, 화의를 주선하기로 방향 전환.

자, 자 싸우지 말고
모두 Peace해! Peace!!
더블 Peace!!
큥~

이에 발칸 문제를 놓고 1876년 12월~1877년 1월, 영국, 프랑스, 이탈리아, 독일, 오스트리아, 러시아의 열강회의가 콘스탄티노플에서 개최된다.

불가리아를 어쩔 것인가?
…거 그냥 예전 상태로 다 복원하면 되는 거 아뇨?

일단 오스만제국의 통치는 불가리아 학살 사건의 책임을 지고 혁파되어야 할 것이니,
불가리아인들의 신앙과 자유를 위해 불가리아를 동서 두 개의 자치령으로 만들도록 합시다.
러시아
루마니아
보스니아
세르비아
몬테네그로
西불가리아 자치령
東불가리아 자치령
오스만제국
이참에 보스니아도 자치령으로.
아니, 불가리아 자치령 크기가 너무 크잖아;;
그리고 보스니아는 왜 갑자기 자치령으로?!

콘스탄티노플 열강회의가
권고안을 들이밀 당시,
오스만제국의 정정은
술탄 교체와 헌법 도입으로
혼란스러웠다.

일단 헌법 도입이
현 상황 타개에
도움이 될 수 있습니다.
1876년 12월,
오스만제국 헌법 반포.

술탄 압둘 하미드 2세　　재상 미드핫 파샤

이제 헌법상 모든 국민은
종교와 민족에 상관없이
법 앞에 평등! 더 이상의
종교와 민족 갈등을
막을 수 있습니다.

이제 싸울 이유가 없죠?
…퍽이나;
기독교와 무슬림이
평등하다니!!
우린 이 헌법 반댈세!!

그리고 이리 서구적·근대적 헌법 도입은
오스만제국이 문명국가임을 유럽에 과시해
불가리아 학살로 씌어진 야만 이미지를 벗는 데
도움이 될 것입니다.

삼권 분립!
상하 양원제!
보통 선거!
유럽 몇몇 제국보다
우리 헌법이
더 근대적·민주적이지요!
헌법!

그리고 이리 위태위태하게
출범한 신체제에
국내 조야의 여론이
불만 가득한지라~

헌법?!
유럽 기독교 놈들
따라 하는 광대짓을
벌이고 있네.
기독교와 무슬림이
평등하다니, 더는
어떻게 칼리프라
자처하겠는가?
이런 여론의 불신을 잠재우기 위해
대외 이슈에서는 조금 강경하게
나갈 필요가 있지요.

So, 오스만제국은 열강회의의 불가리아 자치령 설립안을 거부.

헐?
이 나라는 이제 근대 헌정체제이니
더 이상의 불미스러운 일은 없을 것이오!
님들은 이제 내정 간섭하지 마시오스만!
ㅋㅋㅋㅋ
계획대로~
헌법

영국과 프랑스의 민심은
반오스만 여론으로 들끓고!
이제 열강회의의 중재안까지
오스만제국이 거부했으니,
영불은 도울 명분도
의지도 제로!
독일은 동맹국이니
러시아 편을
들어줄 거고!
.....
.....
발칸반도의 접경 이해 당사자인
오스트리아에는 보스니아를
떼줘서 러시아와 한배를
타게 했다.
보스니아 자치령을 만들고
그걸 오스트리아 관리 아래
두도록 합시다~ㅎ
올ㅋ 좋네요~ㅎ

이리 착실한 빌드업으로
러시아는 러투전쟁 개전에 이르게 된 것!!
중재안을 거절하다니,
이제는 전쟁뿐이다!!
명분 있는 선전포고 ㄱㄱ!!
1877년 4월, 러시아의
對오스만 선전포고!
몬테네그로, 세르비아,
불가리아 독립군, 루마니아도
러시아와 함께한다!
흐억;; 뭔가
당한 건가;;

개전 당시 발칸반도에 전개한
정교회 연합군의 전력은 약 20여만 명
러시아
루마니아
세르비아
불가리아
몬테네그로
오스만제국
오스만군도 발칸반도에 대충
20만 명 정도 동원했는데-

러시아군의 주공은
흑해 연안
루트겠지?
ㅇㅇ, 콘스탄티노플까지의
최단 루트고, 바다로 엄호,
보급받으며 갈 수 있고,
내륙의 발칸산맥 안 넘어도 되고.
러시아군
예상 주공 루트
연안 요새들
발칸산맥
콘스탄티노플
So, 오스만군 병력의 태반은
흑해 연안 루트의 거점
요새들에 짱박혀 버린다.

But, 흑해 연안 루트의 러시아군은 조공이었고, 러시아군의 주공은 내륙 불가리아 산지로 향한다.

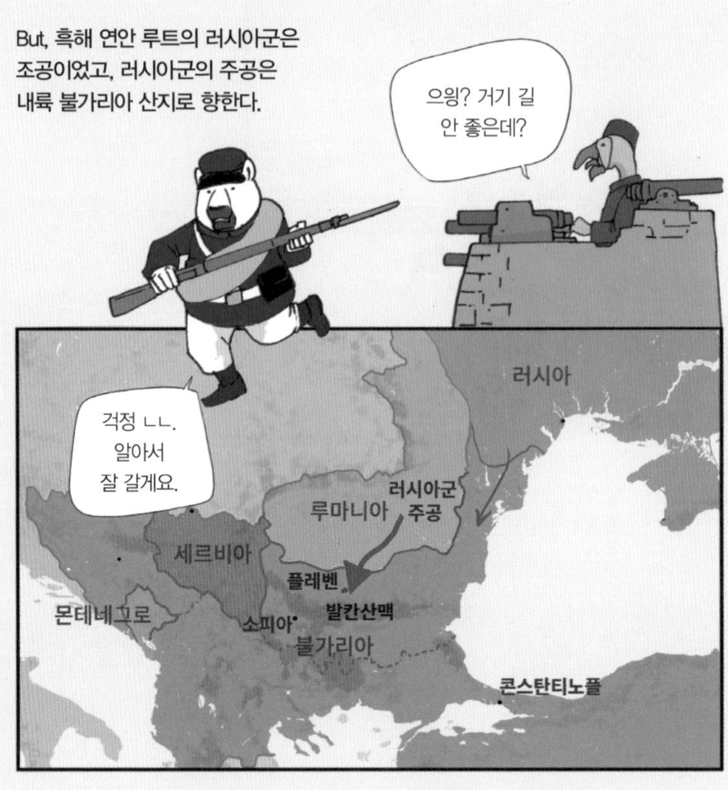

으잉? 거기 길 안 좋은데?
걱정 ㄴㄴ. 알아서 잘 갈게요.
러시아
러시아군 주공
루마니아
세르비아
플레벤
몬테네그로
소피아
발칸산맥
불가리아
콘스탄티노플

그리 진군해 온 러시아군은 발칸산맥을 넘기 전 플레벤에서 오스만군의 진지와 맞닥뜨리게 된다.

큿; 한발 늦었군;;
큿; 내륙 병력 다 여기로 집결!! 진지 건설!!!

1877년 7월부터 시작된 러시아군의 공격은
플레벤 진지에 웅크린 오스만군의 강력한
저항에 부딪혀 계속 돈좌되고.
아니, 저것들
화력이 어찌 저리
세지?!
우리는 최신형
영국제 헨리 마티니 소총과 독일제
크루프 야포로 무장하고 있다고!!
무장만큼은
러시아군보다 질적 우위에 있지.

러시아군의 주공 13만이 플레벤 진지에 막혀
전진하지 못하고 있는 동안, 발칸산맥을 넘는 요로인
시프카 고개를 수천 명의 불가리아군이 점거하고
러시아군을 기다리고 있었다.
아니, 러시아 놈들 왜 이리
안오는겨;; 빨리 와서
고갯길을 넘어야 할 거 아냐;;
러시아군
불가리아군
플레벤
시프카 고개
소피아
오스만군

불가리아군은 플레벤에서
막힌 러시아군을 기다리며 5개월 동안
몇 배에 달하는 오스만군의 공격에 맞서
시프카 고개를 지켜낸다.

시프카 고개가
이 전쟁의
스탈린그라드다!!

그리고 결국
1877년 12월 10일,
플레벤의 오스만군은
포위를 뚫지 못하고 항복.

터키 놈들이 이리
셀 줄이야;;

오스만군은 6만 7천 병력 중
1만의 사상자를 내고,
나머지는 모두 항복.

러시아, 루마니아군은
13만 병력을 동원,
5만 이상 사상.

곧바로 시프카 고개로
향한 러시아군은 1878년 1월,
그곳을 통과해 발칸산맥을 넘는다.

러시아 친구들,
겁나 늦게 오네!
러시아워라서
늦었나.
발칸산맥
소피아

발칸산맥을 넘은 러시아군 일부는
불가리아의 수도 소피아로 진공해
1878년 1월, 소피아 해방.
드디어 불가리아
독립이다!!
쾌변의
여명이 온다!

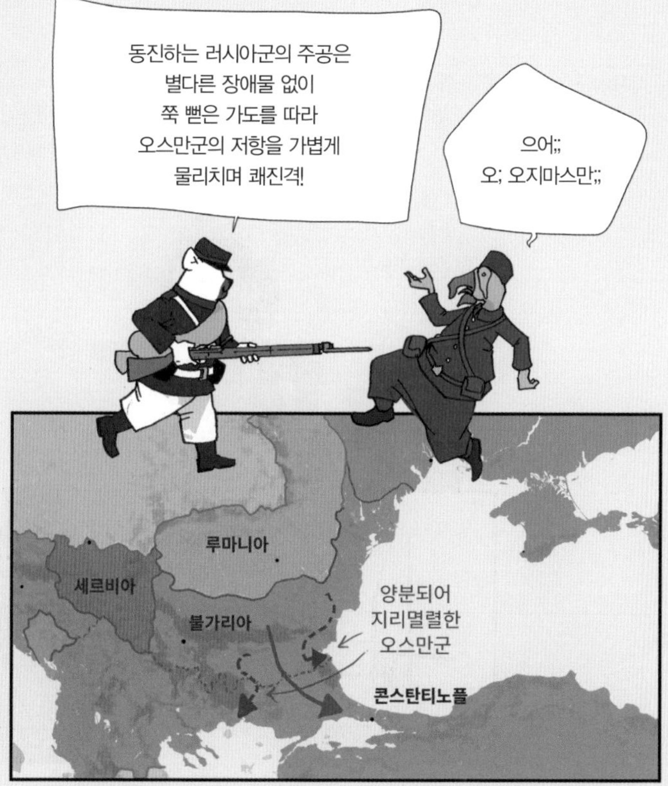
동진하는 러시아군의 주공은
별다른 장애물 없이
쭉 뻗은 가도를 따라
오스만군의 저항을 가볍게
물리치며 쾌진격!
으어;;
오; 오지마스만;;
루마니아
세르비아
불가리아
양분되어
지리멸렬한
오스만군
콘스탄티노플

드디어 425년 만에!!!
정교회의 콘스탄티노플
수복이 눈앞에!!!
으어어?!
아이고
오스만
Death만요!

러시아군의 콘스탄티노플 입성이 현실로
다가오자 영국은 급히 함대를 파견.

오스만제국이 저렇게 망하면 동지중해가
통째로 러시아한테 넘어간다!!!
반오스만 여론 따위
신경 쓸 때가 아니야!!
거, 걍
망하게 두지.
뭔 연명 치료를…
HELP!
영국은 양국의 정전을
강력하게 권고합니다!!
늬예 늬예~
뭐 슬슬 영국 함대
올 타이밍이죠~

정전에 합의하면서도 러시아군은 계속 진격. 1878년 3월,
콘스탄티노플 블루 모스크의 첨탑이 보이는 산스테파노까지 도달한다.

소피아 대성당을
다시 교회의 품으로…
루마니아
보스니아
세르비아
불가리아
몬테네그로
발칸산맥
콘스탄티노플

결국 산스테파노에서 오스만제국이
굴욕적인 정전 합의안을 받아들이며-

그냥 전에 걸로
받을 걸 그랬죠?

1878년 3월 3일, 러투전쟁 종결.
우라아!!
Ура!!!
정교회 만세!
만세!!
러시아제국의 승리!
러투전쟁은 러시아제국의 승리로 끝났습니다.
Боже, Царя храни!
이겼다스키! 오늘 저녁은 칠면조다!!

제 3 장

그리고 베를린에서

1878년 3월,
러투전쟁의 결과로 오스만제국에
강요된 산스테파노조약.

여 썰고, 여 썰고
여 썰어주세요.
중국한테서 연해주를
후려낸 이그나티에프가
여기서 또;;
주오스만 공사
이그나티에프
루마니아
보스니아
세르비아
불가리아
오스만제국 영토 상실분
몬테네그로
콘스탄티노플

가장 중요한 내용은
흑해에서 마케도니아에 이르는
거대한 불가리아 자치공국의 설립!

형식상 오스만제국의 속국이긴 하지만,
실질적으로는 러시아군이 주둔하는
러시아의 위성국 불가리아가 되는 거죠.

그리고 오스만제국의 형식적 속국이었던
몬테네그로, 세르비아, 루마니아는 영토를
좀 더 늘려 완전한 독립왕국으로 승급.

하지만 예상보다
땅을 크게 늘리지 못해
약간 불만임.

이제 알바니아 놈들
마음껏 박해하자!!

오스트리아 헝가리
루마니아
보스니아
세르비아
몬테네그로
불가리아

보스니아는 오스트리아의
위임통치 지역으로 넘어감.

아니 대체
왜?;;

(지역민들의 항거를 빡세게 진압해야 했다.)

그 밖에 코카서스, 아르메니아
방면에서 러시아에
영토를 좀 넘기고.

다르다넬스 해협
상시 통과 보장 등
여러 좋은 내용을 담았습니다.

이렇게는
안 돼애~!

콘스탄티노플 함락의 화를 면하기 위해
일단 협정에 사인하긴 했지만,
영국맨이 러시아의 저 무도한 처사를
그냥 묵인하진 않겠지요?!!
살려줘요!!
음…

…산스테파노조약에 따라 불가리아의 영역은
지중해까지 뻗어 있고, 이는 러시아 함대가
드디어 흑해라는 호리병을 벗어나 동지중해로
뛰쳐나온다는 의미…!
카발라
러시아 함대가 불가리아의
지중해 연안 항구들을
기지 삼는다면 언제든
수에즈 운하로 들이칠 수 있다!
수에즈 운하

그런 그림은 절대
용납할 수 없으니!!
러시아는 불가리아에서 손 떼고,
불가리아 크기도 좀 줄이쇼!!
…싫은데?
하? 2차 크림전쟁
붙어서 또 깨지고 싶나?

2차 크림전쟁이라!! 이번에는
러시아에도 동맹이 있지!!
신의로 명망 높은 게르만 친구들!
러독오 삼제동맹 든든합니다!!
....;;;
....;;
얼씨구?

그러면 2차 크림전쟁은
아예 거대하게 열강 전원 참전
세계대전으로 치뤄볼텨?!
바라던 바다!!
올ㅋ, 양 팀
쪽수 잘 맞네요~ㅎ
으어;;;?

워워~ 잠깐! 잠깐!! 발칸반도의
미미한 불씨 때문에 全 유럽이
세계대전으로 말려들어 간다니,
무슨 그런 바보 같은 얘기가 다 있나?!!
난 이런 전개
반대일세!!

독일 재상 비스마르크

복수의 때가 왔다!!
프랑스가 영국과 동맹 맺고
독일과 전쟁하는 구도는
프랑스가 너무나 원하던 그림!
프랑스 고립이 독일 외교의 지상 목표!
프랑스가 영국과 동맹 맺고
전쟁에 나서는 시츄에이션은
절대 만들면 안 된다고!!

더군다나 오스트리아 놈들은 러시아 편을 들기는 고사하고,
산스테파노조약에 불만을 터뜨리고 있다!!

아니, 러시아 놈들이 발칸반도에
저 정도로 강력한 슬라브 세를
만들려는 줄은 몰랐구먼!
(발칸반도는 내 나와바리가
되야 한다고!!)

…별로 친하지도 않은 러시아 놈들과 싸구려 의리를 지키기 위해…
원하지도 않고, 이득도 없고, 유리하지도 않은 전쟁에 말려들어 갈 순 없지!

그렇다고 러시아가 동맹 없이 홀로 2차 크림전쟁으로 돌입해 처발리는 꼬라지도 별로 좋은 그림은 아니지.
네 편은 없다!!
으어;
크앗! 인류애가 사라진다!!

결정적인 순간에 동맹을 저버린 독일의 외교적 위신과 신용도는 바닥을 칠 거고,

영불동맹은 언제나 필승 공식이지! ㅋ
저주하겠다…

영국에 점수를 딴 프랑스에 비해 독일은 등 뒤의 러시아까지 잠재 적국으로 두게 되는 외교적 고립 상황에 처할 것.

전쟁도 안 되고,
그냥 가만히 있는 것도
안 된다면…

결국 독일이 주도적으로 나서서 이 발칸반도 위기를
국제적 협의로 해결하는 그림을 그릴 수밖에 없지!!

자자, 다들 진정하고
우리 집에 와서 맥주 한잔씩
하면서 대화로 풀어봅시다!!

그렇게 독일이 유럽 모든 열강에 긴급 반상회 초대장을 발송해
1879년 6월, 베를린 회의가 열립니다!

이 회의에서
독일이 러시아 편
들어주는 거 맞지?
80세의 노구를
끌고 찾아온
고르차코프
거, 형님은 아우만 믿고
시원한 맥주나 빨고
계시면 된다니까요~

영국, 프랑스,
오스트리아-헝가리,
이탈리아, 오스만제국
대표단이 베를린에 모여
협의를 진행.

베를린 회의의 협의 내용이란
결국 산스테파노조약에서
러시아가 따낸 영토와 이권을
팍팍 커팅하는 거죠.

여 썰고,
여 썰고,
여 썰어라.
산스테파노조약
이런
스파씨바?!

아르메니아 등지에서 따낸
영토적 이득이 조금씩 다 축소되고.

ㅎㅎ; 조금씩만
양보하시죠;;

솔직히, 불가리아인들이
많이 살지도 않는 땅까지
영토로 주는 건
좀 근본 없잖아요?
루마니아
세르비아
불가리아
....

가장 중요한
불가리아 영토
문제는―

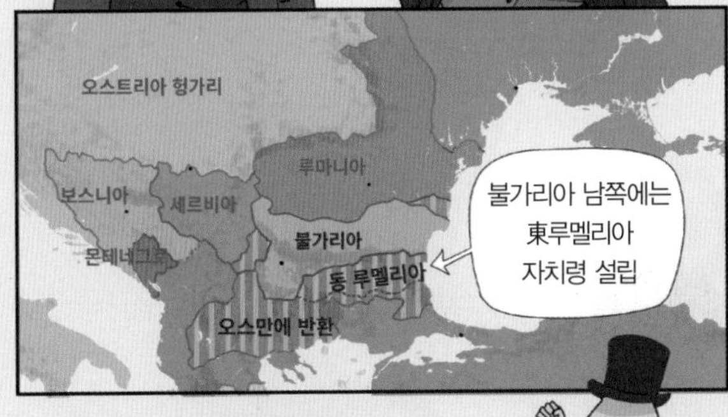
오스트리아 헝가리
루마니아
보스니아
세르비아
몬테네그로
불가리아
동 루멜리아
오스만에 반환
불가리아 남쪽에는
東루멜리아
자치령 설립

불가리아는 산스테파노조약이
설정한 영토의 60% 이상을
다시 뱉어내야 했다.

크아아앗!! 로또 당첨금의
60%를 세금으로 뜯긴 기분!!

그리고 오스만제국은 이렇게
도와준 영국과 프랑스에
감사의 의미로
프랑스에는 튀니지를,
영국에는 키프로스섬을 떼준다.

어휴~
뭐 이런 걸 다~ㅎ
…저놈들이 맨입으로
도와줄 리가 없지…
튀니지
키프로스섬
키프로스섬은 동지중해에서
러시아의 남하를 견제하고
수에즈 운하를 지키는 중요한
포석 역할을 할 것입니다.
수에즈
운하

1878년 7월, 그렇게
베를린조약이 타결된다.

원, 이렇게 조금씩 양보해서
전쟁을 피했으니 결국
모두에게 좋은 결과지요~ㅎ
베를린조약
키에에에엑

비스마르크!!!!!!
러시아인들이여!!
절대! 절대! 독일을 믿지 마라!!!
독일은 결국 반드시
러시아의 통수를 친다!!!

베를린 회의로 심신이 무너진
고르차코프는 그대로
일선에서 리타이어.

당연히 삼제동맹도
그대로 붕괴.

함께해서 더러웠고,
다시는 만나지 맙시다.
퉤!
아니;;
저;;
뭐
그러시든지~

이렇게 1878년 베를린 회의로 야기된
러시아의 외교적 왕따 상황은 이후 1880년의
일리 위기에까지 영향을 미치게 된 것.

일리 내놔라~
요즘 기분 더러워서
못 내놓겠다~

……

외교적 고립 상황 아래
러시아는 섣불리 중국과의
전쟁으로 돌입할 수 없었고.

크아-!! 전쟁하면 중국따위 발라버리는 건 일도 아닐 텐데!!
엉? 너 친구 없다고? 친없찐이 뭐라 중얼거리는지 잘 안 들리네요~

설령 중국과 전쟁을 벌여 승리한다
하더라도 유럽 열강은 러시아가
큰 이득을 취하는 걸 막아설 것이다.
베를린 회의에서처럼.

뭐 크게 먹을 생각 하덜 마라~
ㅋㅋㅋ
…외교적 고립 상황하에서는 전쟁을 벌이지 말아야 한다는 게 유럽 열강 탈무드의 1장 1절이지…

일리 위기 때 청나라가
러시아에 비교적 강경하게 대응할 수
있었던 것도 결국 다 베를린 회의 이후
러시아의 외교적 고자 상황 덕분이었던 것.

베를린 회의, 협상
큰소리 빵빵 치긴 했지만, 실제로 러시아군과 붙는다면 솔직히 힘들겠지…

뭐 그런 부분도 있고…
베를린 회의 내용 자체가 청나라 상황에 참조할 만한 부분이 있다랄까요.

이홍장은 베를린 회의 조약 전문과 협의 과정을 한역해 열심히 공부했다고.

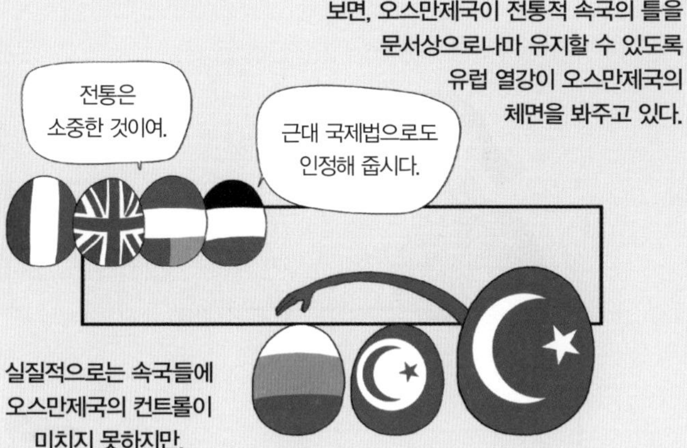
보면, 오스만제국이 전통적 속국의 틀을 문서상으로나마 유지할 수 있도록 유럽 열강이 오스만제국의 체면을 봐주고 있다.
전통은 소중한 것이여.
근대 국제법으로도 인정해 줍시다.
실질적으로는 속국들에 오스만제국의 컨트롤이 미치지 못하지만.

오스만제국은 러시아의 침탈 앞에서 속국과의 주속 관계를 유지할 힘이 없었지만, 서구 열강을 끌어들여 서류상으로나마 그 타이틀을 유지할 수 있었다.

서구 열강은 전통적 속국, 조공국 개념을 자신들의 이득에 따라 충분히 근대 국제법으로 인정해 줄 수 있다는 것.

이는 중화질서에도
적용 가능할 것이니-
대청의 속국, 조공국들에 서구 열강의 이득을 복잡하게 얽어둔다면, 어느 한 나라가 독단으로 이를 쉽게 취하지 못할 것이며, 열국 협의로 전통적 주속 관계의 타이틀이 유지될 수 있을 것.

이는 근간 일본이 류큐를 후려먹은 꼬라지를 보고 품게 된 생각이다.
ㅎㅎ;; ㅈㅅ… ㅋㅋ!!
조공국 살려!!
1880년, 일본의 류큐 처분.
류큐

청나라가 일리 문제로 러시아와의 대립에 모든 에너지를 기울이는 틈을 타, 일본 놈들이 전격적으로 류큐왕국을 멸망시켜 버린 게지!

뭐, 사실 청나라의 그런 사정을 노린 부분도 없진 않죠~ㅎ
하지만 결국 시기적으로 처리할 때가 되어서 처리한 거라니까요?

1874년의 대만 출병.

이어진 베이징에서의 양국호환조관 결과–

일본군의 대만 원주민에 대한 보복 정당성을 청나라가 묵인한 것은 논리상 류큐인이 일본인이라는 걸 인정한 것과 마찬가지!
이제 그 논리를 기정사실화해 확실한 굳히기에 들어가야 한다.

1875년, 일본 정부는
류큐 조정에 對청 통금 지시.

류큐 조정은 더는 청나라에 사신 보내지 마라!
아, 멀어서 잘 안 들려요~

But,
류큐 조정은 이를 쌩까고
계속 청나라에
사신을 파견한다.

이에 1876년, 류큐 처분사가
경찰 병력을 이끌고
진입해 시설 접수와
주둔을 시작한다.

일본 본토에서는 이미 1871년에 폐번치현이 이뤄졌어요.
이제 류큐번왕국도 그 처분을 준비해야!!
점령군이다;;

음; 일본 놈들이 이제 진짜로 류큐왕국을 폐하려 드는 모양이오.
그리 쉽게 망국을 당할 수는 없지요.
류큐왕국 19대 국왕 쇼타이
왕의 매형 쇼토쿠코
일단 청나라에 도움을 청해봅죠.

1876년, 쇼토쿠코가 청나라로 건너가 지원 요청.
그간 조공 그리 다 받아놓고 이런 위기 상황에서 모른 체하진 않으시겠죠?!
어휴! 물론이죠! 내가 일본 가서 따끔하게 도리로 따지겠소이다!
하여장
주일 공사로 부임해 가는 하여장이 립서비스를 하긴 했지만, 청조는 이미 류큐에 물리적 개입이 어렵다는 방침을 정해놓고 있었고.
(아직 해군 미비 상태라 군사적으로 돕는 건 무리요, 무리.)

사족 반란 릴레이와 세이난전쟁이 터졌을 때는
일본 내전의 진행에 약간 희망을 걸어보기도 하지만,

일본 내전이 격화되면
류큐왕국이 살아날 활로가 열릴지도…

일본 내전은 1877년
내로 모두 끝났고.

류큐의 밀사들이
도쿄의 서양 공관들을
찾아가 도움을
청하기도 하지만,

19세기 대명천지에
한 나라가 이리 쉽게 망하는 꼴을
구경만 하지 말아주세요~
아이고 저런;;
힘내세요;
음…
기도 제목으로
달아둘게요.
#pray_for_ryukyu

양놈들도 별 도움이 안 되었고.

하, 류큐 번왕께서도
참 헛된 희망을 안고
부질없는 뻘짓을
이어오고 계셨군요.

그리 중국과 서양에 계속
Help를 치면 우리 쪽
체면이 뭐가 되겠습니까~

결국, 류큐번왕국을 폐하고
정부 직할 오키나와현으로 지정하는
류큐 처분을 시행해야겠습니다!!
1879년 2월, 류큐 처분령 발령!
사타안다기*이제
다 뒤졌다! ㅎㅎ

*오키나와의 전통 도넛

굽씨의 오만잡상

1878년 베를린 회의로 독일에 거하게 통수를 맞은 러시아는 당연히 극대노! 믿었던 친구에게 결정적인 순간 배신당하는 건 정말 참기 힘든 일이지요. 삼제동맹을 탈퇴하고 독일 쪽 국경에 군대를 집결시키는 등 러독 관계는 최악으로 치닫습니다. 하지만 아무리 기분이 상했다지만 러시아가 이 외교적 고립 상황을 감내하기란 쉽지 않은 것. 결국 비스마르크의 노력으로 1881년 삼제동맹이 복구되긴 합니다만, 오스트리아와 러시아의 관계는 계속 멀어지게 되죠. 결국 1885년 러시아의 조약 갱신 거부로 2차 삼제동맹도 붕괴. 이에 비스마르크는 다시 그 능수능란함으로 1887년 독일과 러시아 간 재보장조약을 맺습니다(오스트리아에는 비밀로). 이는 전쟁 시 상호 중립을 약조해 프랑스와 러시아가 동시에 독일을 치는 것을 막기 위함이었지요. 대신 발칸반도에서 러시아의 우위를 독일이 인정하기로 했습니다. 이 재보장조약으로 비스마르크는 러시아와 프랑스의 결탁을 잠시 막을 수 있었지요. 하지만 1889년 비스마르크가 실각하고 빌헬름 2세가 갱신을 거절하며 1890년 재보장조약도 종료. 러시아는 독일과의 긴 밀당을 완전히 마무리 짓고 러불동맹으로 급속히 기울게 됩니다.

제 4 장

은지차비라~

1879년 4월, 류큐 처분령에 따라
류큐는 오키나와현으로 개편되고
현령 나베시마 나오요시가 부임.

이 벽도의 백성을 자식으로
품어주신 천황 폐하의 성은에
감사드릴지어다!
ㅇㅋ.
ㅇㅋ, 나와.

5월, 쇼타이 왕과
왕족들을 도쿄로 호송.

이제 일본 화족이 되어
도쿄에서 사셔야 합니다.
아이고, 전하~!
저항의 구심이 될 껀덕지를
다 없애버리는 게로구나;;

이러한 사태 전개 속에서,
류큐 내 친일파가
친청파를 압도하고
부역에 앞장서게 된다.

류큐왕국의 미개한 학정을 끝내고
이제 일본인들의 지도로 문명 개화
근대화의 길로 나아갑시다!
그 학정이라는 것의
90%는 사쓰마의 수탈
때문이었는뎁쇼?!

죽어랏!
매국노!!
굳이
이제 와서?!

그 와중에 친일 부역자가 살해당하는 산시 사건이 일어나기도 하는데.

다만 200년 넘게 사쓰마의 간접 지배하에 있었던 섬이고-

섬들 다 합쳐서
제주도보다 약간 큰 면적에
인구는 20만 명 정도니
딱히 큰 저항은 일어나지 않았다.
국제사회를 향해 부르짖은
SOS는 결국 소용없었던 건가…

뭐, 일본이 200년도 더 전부터
침 발라놓은 섬이었다니, 딱히
시비 걸 껀덕지가 없지.

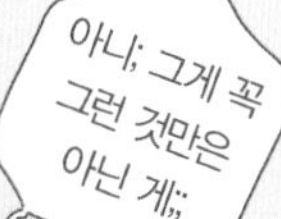
아니; 그게 꼭
그런 것만은
아닌 게;;

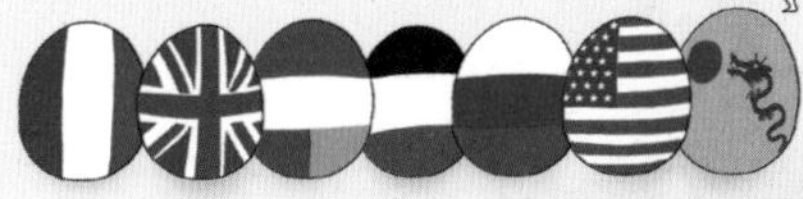

호로록
으어어어어;;

주일 청 공사 하여장이
오버 떨며 항의했지만
별 영향은 없었고.
아이고~ 어찌하여
중화질서 동양 천하에
이런 무도한 일이~~
하여~ 하여~
자자, 다들 라후테*나
드시러 가십시다들~
····
*오키나와 돼지고기찜

일본이 류큐 제도를 완전히 다
집어삼키는 게 좋은 그림인지
모르겠습니다.
미·류
수호조약
예전에 미국과 류큐가
미류수호조약도
맺었고 말이죠.
주일 미국 공사 존 A. 빙엄
뭔가 비공식적으로라도 조정을
시도해 볼 껀덕지가 있을는지…

Meanwhile,
2년 전인 1877년,
미국의 그랜트 대통령이
임기를 마쳤고.

으어;
대통령 빡셌다;;
전쟁보다 어려워;;

그랜트는 8년의 대통령 재직 동안, 내치에서는 내전으로 찢어진 국가의 통합과 재건을 위한 정책들을 나름 성과 있게 추진했고,

나라 밖 문제는 피시
국무장관에게 일임.

외치에서는
영국과의 관계 개선 등
많은 외교적 성과로
미국의 국제적 위상을 드높인다.
(신미양요 같은 작은
실수도 있었지만.)

FXXX;;

하지만 정실 인사와
친인척·측근 비리 스캔들로
그 모든 성과가 빛바랬고.

뿌직 뿌직 뿌직~

신흥 (범죄) 자본가인 강도 귀족들이 국가 경제를 농락하며 1869년 금 시장 공황을 터뜨리기도 하고,

각하!
나 죽어!!

1873년 세계 대공황으로 금융 주식시장 붕괴도 겪는다.

원주민 정책 실패로 인디언들과의 관계도 악화되어 인디언전쟁을 야기하게 되고.

얌전히 보호 구역으로 들어가서 카지노나 열어.
느그 모가지로 룰렛 돌려주마.

그리 꼬여만 가던 대통령직 간신히 끝내고 시원하게 백악관 탈출!!
이제 뽀지게 세계 여행이나 갑시다! 버킷 리스트 체크 ㄱㄱ!
TOUR
WORLD
올ㅋ. 그럴까?

영부인 줄리아 그랜트

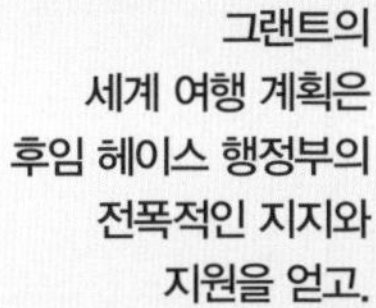
그랜트의
세계 여행 계획은
후임 헤이스 행정부의
전폭적인 지지와
지원을 얻고.

부정 선거 시비로 정권
정통성 흔들리는 정국;;
친선 외교 사절 이벤트로
관심을 돌려봅시다.
러더퍼드 B. 헤이스 대통령
전직 대통령이 친선
외교 사절 역할을 맡는다는
전통을 시작하게 되는군요.

1877년 5월,
영국 방문을 시작으로,

우리한테 남북전쟁
배상금을 뜯어냈던
그 양키입니다.

독일도
들르고,

미국에 내 이름 딴 도시가
있다던데 가보고 싶군요.

안 가보시는 게
미독 우호에
유익할 듯요.

파리도 들르고,
독립전쟁 100주년인데 선물로 여신상 같은 거라도 하나 보내드리면 어떨까 싶네요!
러시아에서 차르도 만나고,
유럽 잡놈들 제끼고 러시아와 미국이 세계를 양분합시다?
어; 와우;;
이탈리아, 바티칸,
아일랜드, 덴마크, 오스트리아,
그리스, 스페인, 포르투갈,
노르웨이, 스웨덴 찍고,
콘스탄티노플,
예루살렘, 이집트 찍고,
수에즈 운하를 통과.
영국령 인도와 미얀마,
태국과 프랑스령
코친차이나를 찍는다.

그랜트의 세계 여행은 실시간으로
미국 신문에 중계되었고.

시골 양키가 유럽의
왕후장상들에게 받는
성대한 환대에 미국인들은
국뽕 고양감 충만.
과연 미국의 국제적 위상이
이렇게 높아진 것인가!
주모!
버번 위스키
한 사발 말아주소!

1879년 5월,
여행은 중국에 이른다.

각하; 이미 받아보셨다시피,
여기서 이제 류큐 문제를
논해주셔야 하겠습니다;;
음.
주중 미국 부공사 W.N. 패트릭

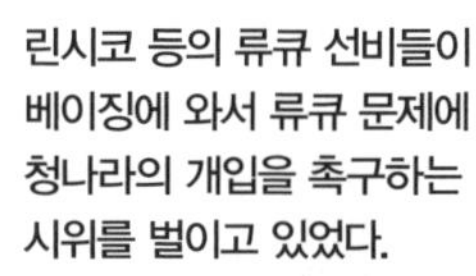
린시코 등의 류큐 선비들이
베이징에 와서 류큐 문제에
청나라의 개입을 촉구하는
시위를 벌이고 있었다.

중국은 그간 갖다 바친
조공값을 해라!!!
류큐 해방!!
FREE
RYUKYU!
FREE
RYUKYU!
JAPS OUT!
몇몇 류큐인은
예전에 맺은 미류수호조약을
두고 미국의 개입에 희망을
걸었다.

그랜트는 일단 먼저
공친왕을 예방.

황상께서 아직 어리신지라 이 몸이 황실을 대표해 손님을 맞습니다.
원, 프린스 공께서야 말로 이 시리즈 2권부터 이미 주요 인물이신데, 알현 영광이옵니다.

그리고 이홍장과의
회견에서 본론으로.

거, 일본이 류큐를 통째로 먹게 두면 안 되지 않나요?
하; 신강 원정과 뒤이은 러시아와의 일리 문제로 거기까지 신경 쓸 여력이 없습니다;;
그깟 코딱지만 한 섬들에서 왜구들이 훈도시를 말리든 어쩌든 알 바 아니죠.

아니, 저 류큐 제도가 태평양 판도에서
아주 중요한 도련선이라니까요?

류큐 제도는 실로
태평양과 중국을 잇는
해역을 가로지르는 쇠사슬이 아닙니까!
그 통제선을 일본이 통째로 다
차지하면 중국 경제·안보 다이조부?

미국 입장에서는 중국을
향한 바닷길이 어느 세력에게도
완전 장악되지 않고 느슨하게
뚫려 있길 바랍니다.

류큐제도

그래도 중국에는 대만이
있으니 숨통이 완전히
막히지는 않겠죠…

사실 부끄럽게도 우리 해군력이
아직 미미한지라, 바다에서 일본과
힘겨루기가 힘드네요;;

거, 그러면 일단 제가 일본에 가서
말을 던져보겠습니다.
류큐 문제를 이리이리
처리하면 어떻겠냐는 제안을.
그리해 주시면
저희야 감사하죠;
이런 경우에는
분할 제안이 정석이죠.
사쓰마가 250년 전에 먹은
아마미 군도는 그대로 일본에.
오키나와 본섬이 있는
오키나와 제도는 쇼타이 왕을
다시 데려와서 오키나와
왕국으로 존립시키고
청일 양국이 공동 관리.
사키시마 제도는
청나라한테 넘기는 걸로.

1879년 7월, 일본에 도착한 그랜트.
메이지 천황 알현.
나, 나이스 츄 미 츄~;;
어휴, 영어 발음 좋으시네요~
쌍큐~ 베리 마치~

그리고 이토와의 회견에서 류큐 문제 출수.
류큐는 예전에 미국과 수호조약을 맺었던지라, 정리상 일본에 류큐의 사정을 좀 잘 봐주십사– 하는 말씀을 안 드릴 수가 없네요.
쿳소~!

유후~ 맛난 건
혼자 날로 먹기 없기~!

역시 서구 열강 놈들의 소위
국제사회라는 건 누가 뭘
날로 먹는 꼬라지를 그냥
봐 넘기질 못한다더니만!

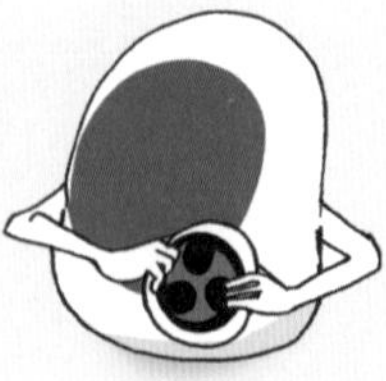

일단 함 보시죠.
이 류큐 3분할안
참 예쁘지 않나요?
하;; 결국 일본은
아무것도 먹지
말라는 소리네요;
일본령
청국령
청일 공동 관리
오키나와 자치령

뭐, 그렇게 중국 쪽과
잘 합의하시리라 믿습니다~
이만 사요나라~

ㅂㅂ~
양키 고홈~

그렇게 양키는
2년 반의 세계 여행을
마치고 Home으로
돌아간다.

그랜트가 (억지로) 권유하고 간 류큐 3분할안을 두고
1880년 4월, 일본 측은 베이징에
수정 제안을 내놓는다.

……
오키나와 왕국 복원은 아무래도 어려울 것 같은 게 말이죠~
다케조에 신이치로
쇼타이 왕께서 몸도 안 좋고 도쿄에서의 개화되고 편리한 생활에 만족해 오키나와로 돌아가고 싶지 않으시답니다.
읍-! 읍-! 이- 무슨 개솔- 읍!!

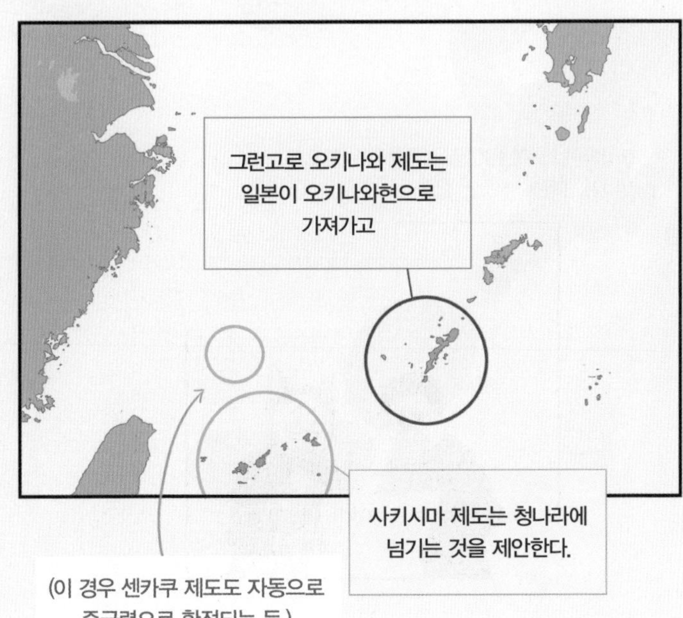

그런고로 오키나와 제도는 일본이 오키나와현으로 가져가고
사키시마 제도는 청나라에 넘기는 것을 제안한다.
(이 경우 센카쿠 제도도 자동으로 중국령으로 확정되는 듯.)

마침 이 무렵은
일리 위기 시기.

하;; 러시아와의 전쟁 위기 중에 굳이 일본과 각을 세울 필요 없지;
준다 할 때 받으쇼잉?

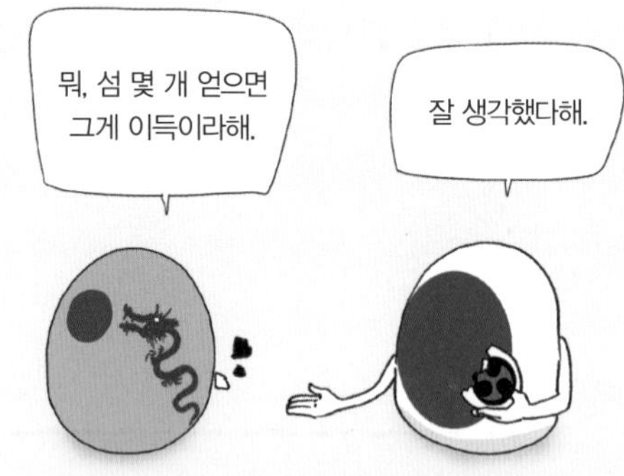
뭐, 섬 몇 개 얻으면 그게 이득이라해.
잘 생각했다해.

그리하여 1880년 10월, 심계분이 일본으로
건너가 류큐조약 초안 합의.

근데 애초에 중국이 여기에 왜 개입했던 거죠?
류큐 (분할) 조약
반영
음? 그러게?

이 소식에 류큐 선비들은 당연히 분기탱천!!

아니 개%@$ 이 참깨 놈들이
나라를 구해달랬더니만
류큐를 분할해서 나눠 먹어?!
천조가 아니라 천좆이다! 님이!

베이징에서 시위하던
류큐 선비 린시코

하, 유교애가 사라진다.
망국의 선비가 할 일은
하나뿐이리니.

1880년 11월, 베이징에서 린시코 항의 자결.

헉;;
충의지사로고;;

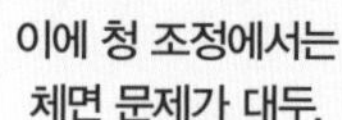
이에 청 조정에서는
체면 문제가 대두.

여기서 부끄러움을 느끼지 않으면 그게 사람 새끼인가.
시중 여론도 류큐 선비를 칭송하고 조정을 비웃고 있으니.
그깟 돌섬 몇 개가 중요한 게 아니라 천조가 조공국에 의리를 저버리지 않는다는 체면이 중요하지!

하;
다들 입바른 소리 하는 판국에 나만 나쁜 놈 될 수는 없지.
끝까지 항의하자고!
대일 개전 ㄱㄱ!!

이에 일본과의 류큐조약을 백지화하고, 일본의 류큐 합병도 인정하지 않는다는 쪽으로 청조의 방침이 정해진다.

류큐 먹는 거 난 끝까지 인정 안 함!
인정하든 말든 걍 내가 다 먹는다? 나중에 그 섬들 못 먹었다고 후회 말기?
의리를 지킨다는 자세가 훨씬 더 가치 있지!
엌ㅋ 행동으로는 손가락 하나 까딱 안 하면서 입은 관운장일세~ㅋㅋ

그렇게 흐지부지 류큐는 완전히 일본으로 편입되어
오키나와현이라는 지방으로 굳어지게 된다.

미국 놈들
믿었는데…
뭐, 언젠가 다시
올지도 모르지…

흠… 유구국이
이렇게 망하다니;;
류큐처분 완료
청 합의 거부

일본 방문 중인
2차 수신사 일행,
류큐 병합 목격.

아니, 그러니까 류큐는
조선으로 치면 제주도
같은 거라니까요?!
릴렉스, 릴렉스!!
·······

2차 수신사 김홍집 외무성 대서기관 미야모토 고이치

곱씨의 오만잡상

도쿄로 끌려간 쇼타이 왕은 도쿄 이이다바시의 저택에 머물게 되고, 훗날 쇼 가문은 후작 작위를 받게 됩니다. 자손이 많았던 집안인지라 그 본가인 후작가의 가계도, 방계인 남작가의 가계도 오늘날까지 끊이지 않고 잘 이어져 오고 있다지요. 그 후손들은 일본 제국 시절 귀족원 의원도 하고, 군 장교도 하며 잘 지냈는데, 태평양 전쟁 당시 오키나와에 있던 쇼 가문 사람 중 상당수는 오키나와 전투 때 목숨을 잃었다고 합니다. 쇼타이 왕의 손자인 쇼센은 전후 쇼 가문이 소유한 오키나와의 농장 부흥을 위해 동남아시아와 하와이를 돌며 각종 모종을 수집해 들여왔고, 일본 최초로 마카다미아 재배에 성공했지요. 그런 등등의 공로로 쇼센은 전후 오키나와에서 중량급 인사로 자리했던 모양입니다. 그 밖에 짙고 옅게 쇼 왕가의 피를 이어받은 오키나와 사람들이 꽤 많고, 여배우 히가 마나미比嘉愛未도 그 후손이라고 하지요.

제 5 장

래디컬 그룹

강화도조약 1년 후인 1877년 2월, 박규수 사망.

……
개국 시대를 고대하시다가 이제 좀 시대가 움직이려는 참에 가시다니 안타깝군요.
아니, 앞으로를 못 보고 가신 게 다행일지도…

1879년에는 오경석이 풍으로 쓰러지고.
…40년쯤 후에 루쉰이라는 작가가 말을 남길 것인데–

"부술 수 없는 무쇠 상자 안에서 잠들어 있는 사람 중 홀로 깨어난 사람은 소리쳐야 하는가 침묵해야 하는가…"

1879년 10월, 오경석 사망.

…선생의 외침으로
깨어난 우리가 무쇠 벽을
부숴보리다.
김옥균
유홍기
박영효

선생이 훗날 동양의 요시다 쇼인으로
일컬어질 수 있게 하겠습니다.
아들 오세창
요시다 쇼인은 원래
동양인이지요…

오경석이 박규수 사랑채에 모인
김옥균과 박영효 등의 젊은이에게
세계를 알리고 새 시대의 국운을 논하면서
형성된 개화당 그룹.

인류 역사 5천 년에
가장 급격한 문명의
대도약 시기가
진행되고 있습니다.
서양의 과학기술 문명이 이를
주도하고 있으니, 이 버스에
탑승할 수 있느냐에 나라의
명운이 달린 것.

이 나라가
반천 년의 정체와
미몽에서 깨어나기
위해

충격이 필요하다면
망설이지 않고 외부에
콜해야 할 것!

퍽
BOOM

좀 역적 돋는 느낌이긴 하지만 안에서 깰 수 없는 알은 밖에서 쪼아줘야 할 때도 있는 법이외다!!
오경석 선생은 이미 예전에 영국 공사관과 일본 사절단을 찾아가 그런 의사를 피력한 적 있죠.

아니, 왜 영국, 일본 그런 잡놈들을 찾는다? 우리 중화질서 클럽 안에서도 충분히 근대화할 수 있다고! 청나라가 양무운동 노하우 전수해 준다~!
아니… 엄…
천하의 새로운 스탠더드는 만국 평등 국제사회~!
나라 위에 나라 없고 나라 밑에 나라 없다!

……
중화질서는 이미 관짝행! 중화 천조 어쩌고는 이제 손절하고 문명 세계의 新국제질서에 독립국으로 떳떳이 입갤해야 한다!
(아, 근데 서구 국제질서의 약육강식 부분에 대해서도 살짝 인식하셔야…)

이후 조선의 체제는
프랑스식?
독일식?
만주 고토 수복?!
대륙 횡단 철도?!

오경석 사후에도
개화당 그룹은 그러한 사상과
비전의 심지를 명확하게
굳혀왔으니-

골방 제갈량들과
키보드 키신저들이 모여
뇌내 천하를 쥐락펴락하고 있죠.

그 모든 미래를 위해
일단 제일 중요한
국가 권력 장악은 어찌할지?

일본의 유신지사들이
수구 적폐 수권 세력인 막부를 폐하고
임금을 꼭두각시 삼아 정권을 세웠듯이,

유신
뭐, 그게 천황의
역할이니까.

조선에서도 우리 개화당 의사들이
민씨 척족과 기타 꼰대 세력들을 폐한 다음
임금을 모시고 (꼭두각시 삼아)
정권을 잡아야 한다!

閔
개화
엌ㅋ 역적 놈들
포부 보소?

물론 이 개화당 동아리로는
혁명을 일으키기에 힘이 부족하므로
멘토가 되어줄 이웃 나라의 도움을 얻어야 한다.

모시모시~!
그쪽을 롤모델로 삼아
뭘 좀 해보려는데요!

올ㅋ?

이를 위해 조선땅에 개화당이 있음을 일본 쪽에 알려야겠는데요…
유홍기
ㅇㅇ, 일본에 보낼 적당한 사람이 있습니다.

동인 스님이 딱!
동인 행사라면 불러주세요!
북한산 승려 이동인

이동인은 일찍이 조선에 파견된 일본 승려와 접촉해 일본 문화에 감화, 그쪽 불교계와 선이 닿았다.

관세음보살상 퀄리티 높군요!
서양에서 레진이라는 첨단 재료를 들여온 덕분이죠.

So,
1879년 개화당 그룹은 이동인을 일본으로 밀파.

일본 측 도움으로
일본인으로 변장,
부산에서 밀항.
올 때
오미야게요~

일본에 도착한 이동인은
정토진종의 도움으로
일본 각계 인사들과 접촉.

조선에 일본의 도움을
청하는 비밀 세력이
있습니다!
더 알고 싶으신 분은
《개화당의 기원과 비밀외교》를
참조해 주시길~!

영국 공사관과도
접촉.

아니, 영국 님들, 전 세계
다 들쑤시고 다니면서 왜
조선은 안 쑤셔주시나요?
음, 돈 나올 구석이
없어 보여서?
어네스트 M. 사토

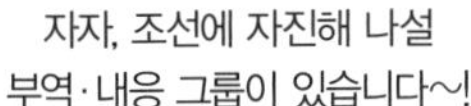

자자, 조선에 자진해 나설
부역·내응 그룹이 있습니다~!
큰 그림 꿈꾸시는 유력 인사 분들의
지원을 기다리고 있습니다!
외무경
이노우에 가오루
주조선 공사 내정
하나부사 요시모토
음, 지금 외교 당면 현안은
류큐 처분에 대한
청나라와의 밀당인데…
조선 관련해서 뭔가
킵해놓을 부분이 있나?
아,
중대 사안까지는 아니지만
강화도조약 이후
이런저런 상황 전개가
있었습니다.

1876년 강화도조약으로 일본과
수교하고 개항!

일단 문을 연 부산과 원산,
두 항구로 일본 상인들이
몰려왔습니다.

쌀 파세요, 쌀!!
여기까지 와서 쌀?
일본에서 쌀 많이
난다면서;;
아,
서남전쟁 이래 인플레이션으로
일본 쌀값이 너무
비싸졌거든요.

조선에서 10전 하는 쌀을
12전에 사들입니다!
오오!
테이크 마이 쌀!!
당시 일본의 쌀 가격은 조선의 3배.
그리고 그걸 일본에
27전에 팝니다!
일본 쌀은
30전인데!
싸다!!
마진율 55%!

조선 상인들은 개항장에서 일본 상인들에게 쌀을 판 돈으로 다시
일본 상인들에게서 영국산 면직물을 사들입니다.

헉;
의주에서 중국 상인들이
들여오는 옥양목보다
일본 상인들이 가져오는
옥양목이 20% 이상 싸다!!
우리 면직물로
재미들 많이 보네…
항구 to 항구 to 항구로
직배송 오는 거라 중국 상인들보다
쌀 수밖에 없죠~ㅎ

이리되니 조선 상인들이 죄다
개항장인 원산과 부산으로
몰려가게 되죠.

원산

전통적인 국내 수운
상업 중심지들은
빛이 바래게 되고.

부산

부산과 원산의 개항장에 거대한 물류 창고와 부대 시설, 상점,
편의 시설들이 들어서며 근대적 도시의 형태를 갖추기 시작합니다.

조선에 없던 새로운 형태의 시가지.
저 일본 상인들이 개항장 밖으로는 못 나오니 다행일세.
저놈들이 개항장 밖으로 나와서 소매상들과 직거래하면 조선 중간 상인들은 쫄딱 망하겠지;;

근데 이렇게 계속 쌀을 비싸게 사들여
일본으로 실어 나르다 보니
조선의 물가에 영향을 미치기 시작한다;;
물가 폭등!

쌀값 폭등은 도시와 어촌, 산촌,
날품팔이들의 생활에 직격탄이 되고.

으어; 봉급으로 받은
쌀에 겨가 반이다;;
안 되겠다;
간도로 뜨자;;

함경도처럼 타지에서의 쌀 수입에 의존하던 지역에서는
버티지 못한 백성의 대규모 이주 사태도 발생.

농촌에서는 지주들이
돈이 되는 쌀 증산에 올인.

산미 증식!
올해부터는
이 밭 저 밭 다 갈아엎고
쌀농사 올인이다!!
뭔; 논클로저
운동이냐;;

이로써 쌀 생산량은 크게 증가했지만 여러 경우와 수요, 상황에 맞춰
다양한 포트폴리오를 갖췄던 농촌 작물계가 쌀 플랜테이션처럼 되어버린다.

또한 고품질의 서양산 면직물이 비교적 저렴하게 대량 공급되면서 면직물 가내 수공업도 붕괴.

조선 아낙네가
맨체스터와
경쟁할 수는 없지;;

거시적인 영향들은 차치하고,
일단 쌀값 폭등은
당면한 문제이니;
어떻게든 조치를 취해야;;
이럴 때는
관세를 이용해서
쌀 유출을 막으면…
아니; 강화도조약에
관세 조항이 없어서
조일 무역은 무관세잖아;;

…일본 상인들에게 관세를
매길 수 없으니, 개항장을 출입하는
조선 상인들에게 개항장 입구에서
세금을 매겨보자.
헐룽?!
헐킈?!

1878년 8월, 부산에서 개항장 출입 조선 상인들에게 세금을 부과하자-

하나부사가 바로
군함을 끌고 와 부산
앞바다에서 무력 시위.

그런 편법 관세 부과는
조약 위반이오!!
아오, 양놈들한테는
찍소리 못 하면서
강약약강 쩌네;;

이에 조선 측은 11월, 세금 부과를 취소.
(하지만 그 시도는 계속되었다.)

하, 진짜, 관세 조항을
제대로 못 챙겨서
더러운 꼴을 당하는데요;
조약문 조항들을
꼼꼼하게 살폈어야 했는데,
그때 책임자인 오경석이
와보라 그래!
오경석,
얼마 전에
죽었다는뎁쇼.

결국, 다시 사신을 일본에 보내
관세 문제를 논해야
하지 않겠습니까?

청년 세도가
민영익(20세)

양사촌동생
민영환(19세)

폭탄 테러로 민승호가 죽은 이후
왕후 집안의 대를 잇기 위해
먼 친척네서 데려와 민승호의
양자로 입적시킨 민영익.

민치구

민치록

양자行

흥선군

여흥부대부인

민겸호

민승호
(테러로 폭사)

민자영

먼 친척네서
양자 입적

고종

민영익

양자긴 해도 왕의 외사촌 격이고 왕후의 조카가 되는 지라
민영익은 임금 부부의 총애를 한 몸에 받는다.

뚝뚝한
아이거든.
잘생기기도
했죠~

그리 어린 나이에 세도를 떨치는
민영익에게 김옥균은 다방면으로 접근해
환심을 사려 노력.

요번에 물 건너온 자동 노리개인데 맘에 드실는지~ㅎ
아아! 감사합니다! 서양 굿즈 저도 좋아하죠~ㅎ

고모 마마께 가져다드리면 엄청 즐거워하시겠죠~ㅎ
……
젊다곤 해도 결국 민씨 척족의 황태자…
우리와는 결이 너무 달라서 안 되려나…

1880년 5월,
2차 수신사 파견.

그래도 젊은이답게 서구 문물에 관심 많은 청년이랍니다~
이번에 일본에 파견하는 2차 수신사 김홍집 대감도 제 라인이지요~ㅎ
이것저것 많이 보고 오리다!

예조 참의 김홍집(38세)

일본에 간
수신사의 가장
중요한 임무–

아, 진짜 인간적으로
관세 협정 좀 맺읍시다!!
어휴, 국왕의 전권위임장을
안 갖고 오셨으니 어찌
그리 중한 일을 논할 수
있겠습니까~

관세 설정은
일본 측의
거부로 실패.

오히려
일본 측에서 압박.

거, 인천 개항하기로 해놓고,
대체 언제 하는 겁니까?!

그리고 서울에 상주 공관을
설치키로 하고 왜 아직도
진행이 안 되는지요?!

결국 인천은
1883년에 개항하기로 하고,
일본 공사관은 사대문 밖에
바로 설치하기로 합의.

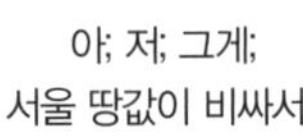
아; 저; 그게;
서울 땅값이 비싸서;;

하; 일본 놈들 왜 저리
기고만장이냐;;
양놈들처럼 소젖을
마시기 시작해서 그런가;;

도쿄 체류 중
김홍집은 청 공사관을 방문.

MILK

※일본 우유 유행 시작

아이고~ 이 왜구들 소굴에서
문묘 있는 나라 선비를 만나니
실로 이산가족 상봉
그 자체올시다!!
어휴, 원 다 천조 왕화의
평안이 멀리 소국까지
미친 덕분입죠~

주일 청 공사 하여장

아이고; 평안은 무슨, 일리 위기 때문에
실로 누란지위 천하대전쟁
종말의 시계 1분 전이올시다;;
이번 일리 위기를 보면 진짜
러시아가 이리예요, 이리!
헐;
레소프스키 함대 23척이 극동에 도달해
무력 시위를 벌이고 있잖소이까!

(1880년 4월 출발한 발틱 함대는 6월경 극동에 도착했다.)

저 무시무시한 함대가
블라디보스토크에 입항한다는데, 만약
진짜로 청과 러시아 간에 전쟁이 터진다면
조선도 두만강 방면에서
큰 불똥이 튈 것이외다!
아, 그러고 보니 옛날에 청과
조선이 함께 러시아에 맞서 싸운
적도 있었다죠~ㅎ

※나선정벌

러시아에 맞서
청과 조선, 일본- 동양 삼국이
다 함께 세를 이룬다면 러시아도 가볍게
움직이지는 못할-

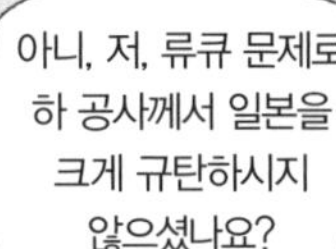

아니, 저, 류큐 문제로
하 공사께서 일본을
크게 규탄하시지
않으셨나요?

아, 그건 이제
중요한 문제가
아니게 되었고요.

(청과 일본의 류큐 분할 합의가 아직 엎어지기 전이다.)

황 참찬관! 김 대인에게
러시아 대비 관련 논의 좀
정리해 브리핑해 드리게.

옙~

지금 일리 위기만 봐도 그렇지만,
저 러시아란 나라는 진짜 세계 열강 중에서도
땅 욕심에 눈이 뒤집힌 악질
제국주의 국가입니다!

참찬관 황준헌

유럽의 여러 소국,
중앙아시아,
우리 연해주 등등 많은 땅이
러시아의 탐욕에
제물이 되었지요.

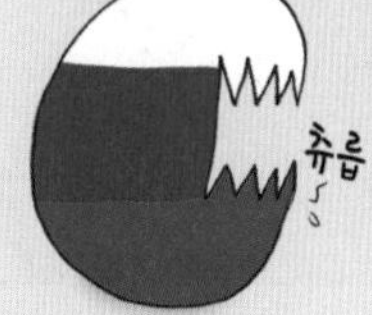

그 탐욕의 칼끝은 이제 극동으로 향할 터.

조선은 러시아에 진짜 한입 거리죠.

그러므로 일단 조선은 전통적인
중화질서 가맹국으로서
중국과 친하게 지내고!
親中!

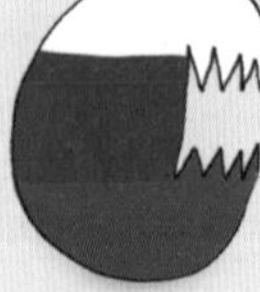

이웃 나라이자 함께 러시아의
남하 길목에 위치한
일본과 결속하고!
結日!

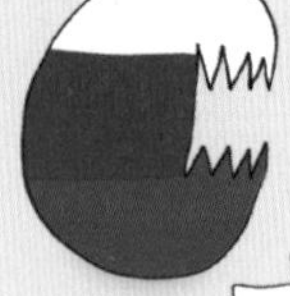
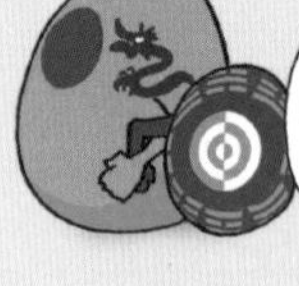

동양에 영토 야욕이 없는
미국과 연합해야 합니다!
聯美!
뜬금없이
웬 미국??

이것이 이 난세에 조선 국운의
활로를 뚫을 일세비급!
《조선책략》이외다!!
조선책략
아니, 그걸 왜
당신네들이 써;;

제 6 장

책략과 생략

1860년 9월, 일본에서 돌아온 수신사 김홍집이
《조선책략》을 어전에 올리고.

흠트레스팅…

친중, 결일, 연미로
러시아를 막아라?
갑자기??

청나라가 뜬금없이
이런 그림을 원하는 이유는…
일단 첫 번째로는 현재 진행 중인
일리 위기 때문이겠지 말입니다.

1. 러청전쟁 대비책

발틱 함대의 근해 무력 시위 등
임박한 러청전쟁 위기하에–

러청전쟁 터지면
신강의 서부전선뿐 아니라,
러시아 함대가 입항한 블라디보스토크
–연해주 쪽 동부전선에서도
러시아에 대비해야 할 터;;

그 대비의 한 방편으로
일본과 조선이 청의 우군이
되어줄 필요가 있다는 바람이
러시아에 맞선
결일 항목으로
《조선책략》에 삽입된 것
아니겠습니까.

우리가 남이라해?!
동양 브로들 뭉치자해!

그런 차원에서
1880년 10월의 류큐 (분할) 조약도
일본측 제안대로 ㅇㅋ 해주며
비위를 맞춰주고 있는 것.

이이다해~
이리 나눠 가지는 걸로
이이데스까?

두 번째로는
조선에 다수의 서구 열강을 끌어들여
일본이든 러시아든 누구든 단독으로 조선을
집어삼키지 못하게 하려는 계책일까나.

그것이 베를린 회의의 교훈이다.

2. 모두가 침 바르면 아무도 못 먹지 계책

어휴, 이리 작고 연약한
아이가 있으니 동네 여러분
잘 좀 부탁드립니다~
·····

그러면서 조선을 국제 사교계에 데뷔시키는 후견인 역할을 중국이 해야 한다.

그래야 종주국 타이틀과 영향력, 우선권을 유지하지.

제가 이 아이 후견인이고
매니저라는 건
모두 잘 아실거고요~

그렇게 조선에 소개해 줄 서구 열강이
왜 영국이 아니고 미국이냐면–

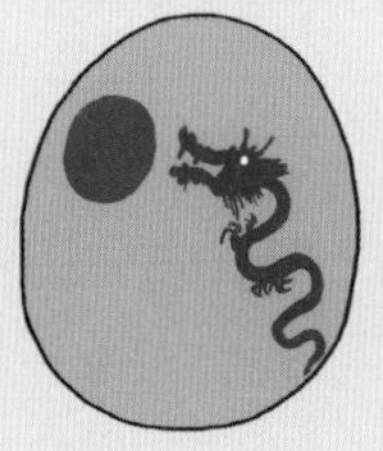
뭐 굳이 아편전쟁 등의
원한을 들지 않아도…

혓바닥 갖다대는 나라마다
족족 다 집어삼킨다는
영국의 악명에 비해,

그건 오해인데~
꺼억

어휴, 미국은 식민지 따위
만들지 않는 정의의 나라입니다요~
그저 사이 좋게 지내며 장사 거래나
좀 트면 그걸로 만족입죠~ㅎ

오오, 정의지국~!

당시 동양의 식자층은 정말로
미국을 남의 땅 욕심 안 내는
비제국주의 국가로 보고 있었다.

이에 1879년, 이홍장이 이미 조선에
미국과의 수교를 권고하는 글을 보내기도 했는데,

류큐를 예로 들며 일본을 경계하기 위한
대미 수교를 권하는 내용이었고.

일본이 음험함. ㅇㅇ.

반면 주일 청 공사관의 《조선책략》은 일리 위기 국면에서 러시아를
경계하기 위한 대미 수교 권고안이었다는 점이 다르다.

러시아가 음험함. ㅇㅇ.

결국 《조선책략》은
1. 러시아 견제책과 2. 조미 수교 권고책을
섞어놓은 급조 드립이라 할 수 있겠습니다.

말이든 방구든
일단 급한 대로
스까보자.
조선은 러시아를 막기 위해
청, 일본, 미국과 연대하라!

그리 급조된 스까 드립이라 내외 논리가 이렇게 허접한 거구먼.
ㅇㅇ, 또한 이것이 100% 진심으로 조선을 위한 마음에서 나온 책략이라 쉽게 믿을 수 없는 것이-

조선도 몽골, 티베트처럼 총독이든 뭐든 보내서 직접 통치하는 게 상책이죠.
하여튼 하여장 하여가 같은 인간.

주일 공사 하여장은 조선 문제를 논하면서
청 조정에 조선 직접 통치안을 제시했던 인간.

근데 뭐 중국의 입장이 어쨌든 간에, 이제 슬슬 서양 국가들과 수교해야 할 시점이긴 한 것 같은데…

조선 수뇌부도 눈이 옹이구멍이 아닌지라
서양의 앞선 기술 문명 레벨을 인지하고
조선의 뒤쳐짐을 걱정하고 있음.

겁스 테크 레벨로 보면 서양과 조선은
약 3단계 정도 격차라 하겠습니다.
이미 따라잡을 수 없는
초격차 단계인 건 아닌가?
아니, 가서 보니까 일본은
20년 만에 0.5단계 차이
정도로 서양을 따라잡았더이다.

So, 조선 수뇌부도
미국과의 수교를 시작으로
하는 개혁 개방 근대화를
불가피한 대세로
여기고 있었고.

신미양요 때 돌이켜 보면
그래도 미국 놈들은
프랑스 놈들처럼 약탈, 봉쇄 따위
안 하고 신사답게 물러갔지요.

ㅇㅇ, 신미양요의 대참사는
아버지가 오버 떨어서
그리된 측면이 크지.

맥주도
주고 갔죠.

마침 미국도 조선의
대일 수교 소식 이후,
다시 조선과의
수교 공작을 추진.

조선인들 마음의 문을
다시 열어보려 하니
소개장 좀 써주시죠.
…
늬예 늬예
류큐 문제에 소금 뿌려댄
양키 놈들, 뭐가 예뻐서
소개장을 잘 써주겠누…

주일 공사 존 A. 빙엄

《조선책략》 작성 직전인 1880년 5월, 일본 외무성에서 (대충) 써준 소개장을 들고 슈펠트 제독의 타이콘데로가호가 부산 입항.

너는 벌써
나를 잊었나~♬
이제 수교하고
친하게 지냅시다~!

그때는 일단
거절하고 돌려보냄.

흠…
어, 지금은 곤란하지만,
곧 좋게 좋게 될지도…
일본 쪽 소개장이 아니라
중국 쪽 소개장이면 좀 더
잘 풀릴지도…

결국 미국과
수교하기로
방침이 정해지긴 했는데.

미국 놈들이 다음에 다시
중국 소개장 들고 오면
수교하는 걸로.
ㅇㅇ.

자, 이제부터 조선이랑
미국은 칭구 칭구~!

조미 수교 실행 시
우려되는 부분이라면,

아무래도
국내 여론이 이를 쉽게
받아들일 수 있을지…

아니, 신미양요의 기억은 어쩌고
원쑤 미제 양키들과 갑자기 수교?
뜬금없이 갑자기
양귀들과 화친하고 나라에
들이는 건 무슨 경우요?!

So,
이 《조선책략》이 대미 수교에 대한
국내 여론 무마용 더미 레버리지가
되어줄 수 있겠지.
朝鮮策略
조선 책략

조정은 《조선책략》을
복사해 전국에 배포.

급변하는
글로벌 정세!

두만강 너머의
무시무시한 발틱 함대!
코사크 기병대!!

조선이 나아가야 할
길은 무엇인가?!

중국 최고의 국제통
싱크탱크가 제시하는
조선의 활로! 대미 수교!

오오; 러시아가
무서운 나라네;;

미국과 수교하면
스벅 들어온다지?

그리고 미리 對서양 외교와
서구 기물 도입을 전담할
서를 만들어 놓아야지.

청의 총리각국사무아문을 본딴,
통리기무아문 창설!

1880년 12월.
統理機務衙門

통리기무아문의
책임자로는 흥인군과
민겸호 등 최고 세도가들이 자리.

영의정 흥인군 이최응 민씨 척족 수장 민겸호

그리고 실무 총책은 결국
세계에 대해 좀 아는 이 몸이.

예조 참판 김홍집

이것이
적재적소!

이동인도 통리기무아문의
참모관 자리에 특채된다.

이동인은 일본 체류 중인
김홍집에게 접근.

일본에서 신문물을 익히고
일본인들과 교제하는 동포라니!
실로 나라를 위한 맞춤형
인재가 여기 있었군요!

견마지로나마 나라를
위할 길이 있다면 영광입죠.

정체를 숨기고 환심을 사서
같이 귀국하게 된다.

서울에서 김홍집은 이동인을 민영익에게도 소개해 주고.

오, 벌써 글로벌 조선인이 있었군요!

이동인은 일본에서 사 온 신기한 서양 물건들로 민영익의 환심을 산다.

신기한 서양 물건들은 임금에게까지 전해져, 이동인은 임금의 눈에도 들게 된다.

진짜 딱 필요한 시점에 딱 필요한 인재가 나타났구료.
황송 하옵니다~

일본에서 보고 배운 서양 문물을 조선 엘리트들에게 어떻게 전해줄 방법이 있을는지?
백문이 불여일견이라고, 가서 보고 배우는 게 제일입니다!

이동인의 제안으로 고종은 일본으로 시찰 보낼 조사시찰단을 계획.

어;; 동인 스님이
설마 민영익 라인으로
아예 넘어가는 건
아니겠지?;;
아직 개화당
비밀 요원인 거
맞죠?;;
왕실과 조정 실세들
눈에 든 이동인은 점차
그쪽으로 포지션을
옮기는 듯한 행보.
어휴, 저야 오로지 이 나라의
문명 개화를 위해
사람을 가리지 않고
열심히 노력할 뿐입죠~ㅎ

임금의 밀명과 개화당의 비밀 임무를 동시에 도쿄에서 소화해 내고,
개인적으로 영국 공사관에도 들락거리는 등
이동인은 비밀스러운
이중 삼중 행보를 이어가다가—
대미 수교 방침을
도쿄의 청 공사관에
전하도록.
미국보다 영국이
먼저 수교 안 됨?
희유;;
일본에
무기와 자금 지원을
타진해 보도록.
조선에서 각 세력의
파워 밸런스는 어케 됨?

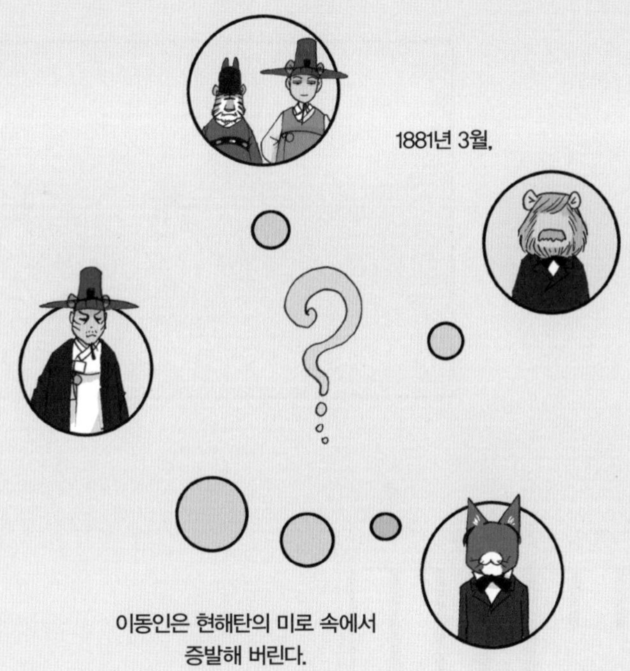

1881년 3월,

이동인은 현해탄의 미로 속에서
증발해 버린다.

혹자는 이동인이
민영익 라인으로 완전히
넘어가 개화당의 역적 돋는
계획을 모두 불까 봐
경계했다고도 하고.

동인 스님이 너무
저쪽 센터 플레이에
맛들인 건 아닌지…

또는 김홍집 선에서
이동인의 이중 스파이 행위를
눈치채고 조용히
처리했다고도 하고.

세상에 드러나면 여럿
다치게 되니 조용히
처리해야 할 일이죠.

치료가 필요한 수준의
영국빠가 되어놔서
결국 모두에게
버림받았다고도 하고.

영빠는 죽어야
고쳐지지.

가장 일반적인 추론은-

뭐? 임금의 밀명을 받고
일본에 들락거리는
땡중이 있다고?!
대미 수교??!

그런 놈은 잡아다가 임금의
어리석은 속셈을 다 불게 하고
암매장하는 게 상책이지.
미국과 수교라니,
내 눈구멍에 타바스코 소스
한 병 다 채우기 전에는
어림없는 소리!!

대원군의 수하들에게
당했다는 설이
다수 의견으로 받아들여지고 있다.

역시 거대한
반동의 흐름이 있었던 것이니,
조정이 《조선책략》을 전국적으로
뿜뿜하며 여론몰이에 나서자
이에 대한 유림의 대응은-
뭐여 저게?
중국 놈이 왜 갑자기 가만 있는 조선을 갖고 책략을 논하고 난리래?
일단 이게 뭔 소리인고 보니-

이 뭔 개소리야?!!! 친중, 결일, 연미????!???!
아주 그냥 개소리와 개수작이 환상의 콜라보개이션이여!

중국을 대국으로 섬기는데 여기서 뭔 더 친중을 해?! 여기서 더 친중하라는 건, 결국 청러전쟁 터질 경우 두만강에 총알받이로 나서라는 소리잖아!!
자, 나선정벌 시즌2 ㄱㄱ~!!
우리가 대체 러시아와 무슨 시빗거리가 있길래 중국 사정 때문에 함께 러시아를 적대하고 전쟁을 대비해야 한단 말이오이까?!!
으어어어어;;
명나라라면 모를까 청나라에 그딴 의리가 있을까 보냐.
우리 양요 터지고 일본한테 털릴 때 구경만 하던 만주족 놈들;;

그리고 결일?? 결이이이일??!
강화도조약을 아주 그냥 쌩 사기에 날림으로 맺고 관세도 쌩까는 저 왜놈들이랑 뭔 결속??!?
·····
아휴, 난 친하게 지내고 싶은데~

해치지
않는다스키.

그리고 가장
뜬금없는 연미!!

와, 두만강 너머 러시아
막겠다고 태평양 너머
미국이랑 손잡는다는
천재적 발상은 어느
드립꾼의 재치냐, 대체.

도와줘요,
미국맨!

Why??;;
How??;;

그리고 미국이 약자를 해치지 않는
정의의 나라라는 관점에 대해서는
인디언들 얘기도 들어볼 필요가 있다.

그렇다.
사실 인디언은
약자가 아니라
강자였던 것이다.

이만손 등의 유생들은 《조선책략》에 대한 이러한 반박과 조미 수교 반대 입장을 복합상소 운동으로 전개. 〈영남만인소〉가 조정으로 올라온다.

《조선책략》은 《조선침략》!!
미제와의 굴종 협정 시도
분쇄하자!!
신미양요를
잊었느냐!
Remember
광성보!!!

강원도의 홍재학은
막말 상소를 투척.

저딴 헛소리에 혹하다니!
임금이 개무식하다!!!
공부를 안 한다!!

덕분에 홍재학은
처형당했지만.

개국 시도를 타깃 삼은
이 위정척사 운동은 기세를
잃지 않고 계속 끓어오르고.

위정척사— 衛正斥邪
바름(성리학)을 지키고
삿됨(서양 문물)을 배척한다…

그래, 대세는 척사 코인이다!! 프랑스와 미국의 침략을 물리친 대원군이야말로 척사의 상징 아니겠는가?!
유림과 사이 나쁜 대원군이었지만, 위정척사파로 대동단결.
합하 시절에는 이런 수모가 없었제!!
어;; 음…

그리고 이 척사파를 등에 업고 다시 큰일을 도모할 수 있지…
…거사의 밑그림이 대충 나왔습니다.

ㅇㅇ, 진행시켜.
위정척사는… 위장 척척박사? 석사인가?
대원군의 서자 이재선(40세)

굽씨의 오만잡상

오경석과 이동인, 개화당에 대한 부분은 김종학 교수님의 역저 《개화당의 기원과 비밀외교》에 크게 기대고 있습니다. 근대 외교사에 대한 넓고 깊은 연구로 저 시대 국제 관계 게임의 내막을 밝게 들춰주고 계시지요. 이 책에서는 오경석이라는 근본부터 김옥균이라는 간판까지 개화당의 이념적·실체적 윤곽을 날카롭게 떠내고 있습니다. 대충 우리가 흔히 생각하는 이미지보다 좀 더 래디컬하고, 좀 더 역적 돋는 모험주의자들의 스케치가 그려집니다.

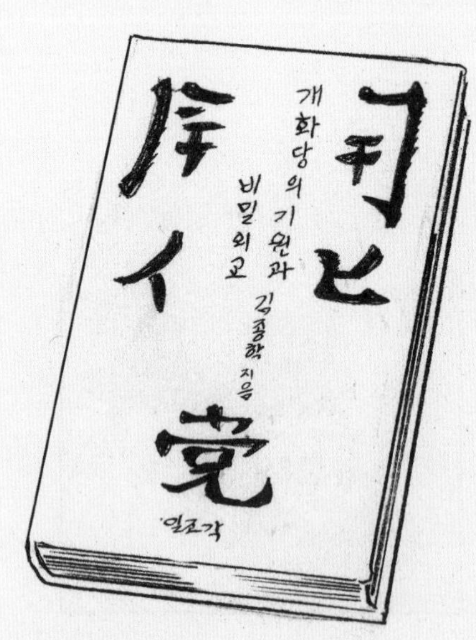

제 7 장

조사 척사 옥사

이동인은 증발했지만,
그 친구가 준비했던 일본行
시찰단은 출발시켜야지.

1881년 5월, 고종은
일본의 서구 문물 도입 실태를
살펴보기 위한 조사시찰단을 꾸린다.

근데 지금 조야에 위정척사니 뭐니 해서 反개화
분위기가 강고한지라, 정식으로 일본행 시찰단 파견을
공표하는 건 어렵다. So, 암행어사로 위장 임명할 테니
그리 부산으로 내려가 배를 타도록 하시오.

(경비 5만 냥도
임금 비자금으로 불출한다.)

어윤중 박정양

그리하여 조사 12명과 수행원 48명,
총 60명의 조사시찰단이 신분을 숨기고
부산으로 내려가 일본행 배를 타게 됩니다.

대충 민영익 라인
사람들이 많았다.
타이틀은
'신사유람단' 쪽이
좀 더 힙한데…

朝士視察團(조정 인사 시찰단)

그렇게 조사시찰단은
1881년 5월부터 8월 말까지
일본에 머물며 각기
맡은 바 영역을 두루 시찰.

어윤중은 대장성(재정기획부) 시찰.

오쿠마 경의
확장 재정이 끝나고
이제 긴축 기조로
바뀌는 참이죠.

박정양은
외무성 시찰.

서양과의 불평등조약 개정이
현 일본 외교 최우선 급선무죠.
그런 일본이 조선에는 왜
무관세 불평등조약을…

홍영식은 육군성 시찰.

징병제 군대만이
진짜 군대!
군포로 때우기
가능한가요?
대포라면
가능할지도.

前 전라우수사 이원회는 근대 군함과 총포 등 무기 체계 시찰, 도입 방안 모색.

충무공이 환생해도 저런 군함을
우리나라에서 거북선 만들 듯
만들 방법은 없겠구나;;

문부성, 공부성, 사법성 등의 시찰에도 인원들이 할당되고.

특히 세관 시찰에 인원이
제일 많이 붙었죠.
국가 세입의 반이
세관에서 나온다 해도
과언이 아닙니다~ㅎ
언젠가 관세를 매기고야
말겠다!!

그 밖에 유학 임무도 있어서
수행원으로 데리고 온
유길준과 윤치호가
일본 게이오 의숙에 입학.
웰컴 투 게이오!

유길준(25세) **윤치호**(16세) **후쿠자와 유키치**(46세)

이들 조사시찰단은 일본의
태정대신, 우대신 내무경 등등
정부 최고위급을 두루 접견.

오.모.테.나.시~!

조사시찰단의 접대와 케어는
관변 단체 흥아회가 전담한다.
興亞會
일본에서
홍어회?
흥아회! 아시아가
함께 흥하자는 뜻이죠~ㅎ

해군 장교 소네 도시토라의
주도로 1879년 설립.
중국, 조선과의 친선 교류를
표방하는 반관반민 협회입죠!
처음에는 중국과 좀
친하게 지내보자는
목적으로 설립되었고.

이동인과 주일 청 공사 하여장에게도
흥아회 회원증 발급.

친하게 지내자는 거 맞죠? 다른 꿍꿍이 있는 건 아니죠?

어휴, 꿍꿍이라뇨~

흥아회의 목적은 서구 제국주의에 맞서 동양 각국이 힘을 합쳐야 한다는 데 있지요.
오호?

아니, 근데 일본인들은 원래 막부 말기부터 조선과 대륙 집어삼킬 망상 가득 아니었나요?
그쪽 요시다 쇼인 선생도 조선·만주 경영 드립을 치셨고.
멀티 확장!!

그리고 일본인들 머릿속에는 이런 전국시대 마인드가
평범하게 디폴트값으로 깔려 있잖습니까?

이웃 쿠니가 비실비실하면 바로 집어삼켜서 우리 쿠니의 세력을 확장하고 더 큰 쿠니와의 싸움에 대비한다.
간단하고 직관적인 천하 상식.

어;; 일본인들이 꼭 저렇게 확장주의 판도충만 있는 건 아니죠.
사실 막말 운동권의 큰 줄기였던 '양이' 이념은 확장주의보다는 방어적 민족주의 지향 느낌이라고요~
미제 타도!! 제국주의 열강 물러가라!!

가쓰 가이슈 같은 이는
동양 각국이 힘을 합쳐
서양에 대응하는 동양 문명권을
이뤄야 한다고 주장했지요.

인종도 문화도 비슷한 동양 국가끼리 힘을 합쳐야 양놈들한테 무시 안 당한다.

이것이 동양 각국의
회맹을 지향하는 아시아주의!

흥아회는 그런 아시아주의를 주창하며
동양 3국의 결속 친교를 꾀하는 단체입니다!

This is
'문명의 충돌'!

물론 이는 서양에 굽신거리기 바쁜
일본 정부의 공식 입장이나 노선과는
상관없는 것이었지만,

흥아회는 일단 중국, 조선과의 친교에
유용하기에 계속 써먹고 있죠.

일단 현 시점에서는 흥아회 활동 등에서 드러난
아시아주의가 그냥 친목 도모의 모양새를 띠고 있는데-

흥아~
흥아~흥~아흥~
아흥~

아시아주의의
향방은
어찌 될 것인가?

※향후 60여 년에 걸쳐 진화하게 되는 아시아주의…

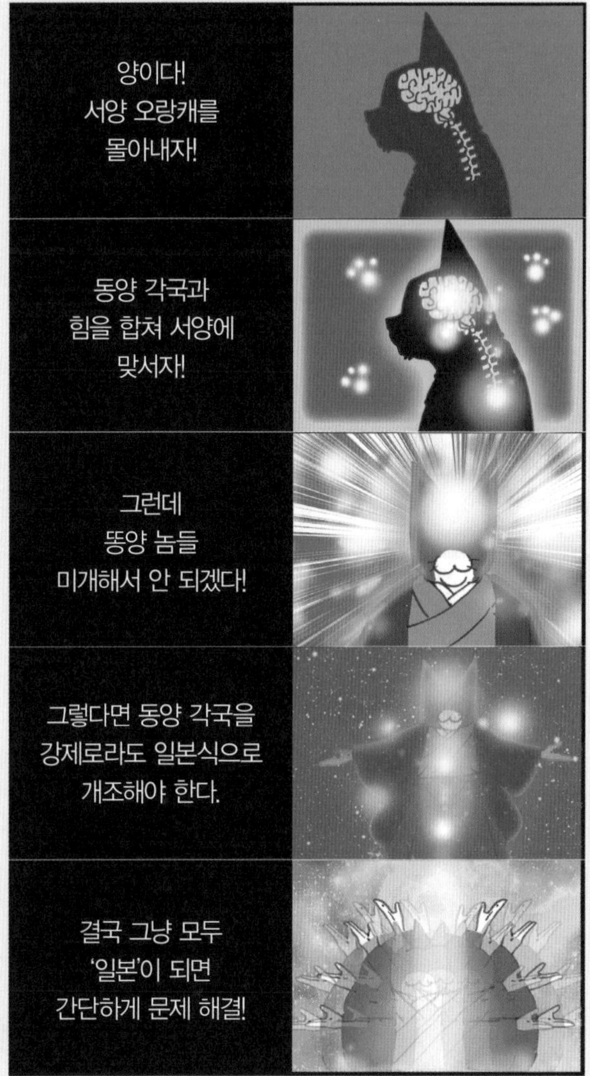
양이다!
서양 오랑캐를
몰아내자!
동양 각국과
힘을 합쳐 서양에
맞서자!
그런데
똥양 놈들
미개해서 안 되겠다!
그렇다면 동양 각국을
강제로라도 일본식으로
개조해야 한다.
결국 그냥 모두
'일본'이 되면
간단하게 문제 해결!

조선에서는 1880년 12월, 서대문 밖 천영동 (강북 삼성병원 건너편)에 드디어 일본 공사관이 들어서고.

이거
이사 떡이라도 돌려야
하는데 말이죠~ㅎ
떡은 됐고,
우리 주상께서
군사의 조련에
관심이 많으십니다.

초대 공사 하나부사 요시모토

뭐, 간단한 기초 군사 훈련
정도는 도와드릴 수 있죠.
오, 반가의 영식들을
그리 조련해 향후
근대 조선군의 맹아가 되게
하리이다.
그렇게 새로 창설되는 시범 부대의
군복은 고유의 멋을 살린 개량 한복에,
NATO 3색의 초록색을 기본색으로?!

호리모토 레이조 소위

민영익이 총책인 교련소 당상에 임직.

그렇게 1881년 5월, 80명의 인원으로 별기군 창설.

미래 군부의
중핵이라…
삑삐~
삑삐~ 삑!
허이짜!
근데 총은 뭐 쓰지?

키쿠치 사와다 중위

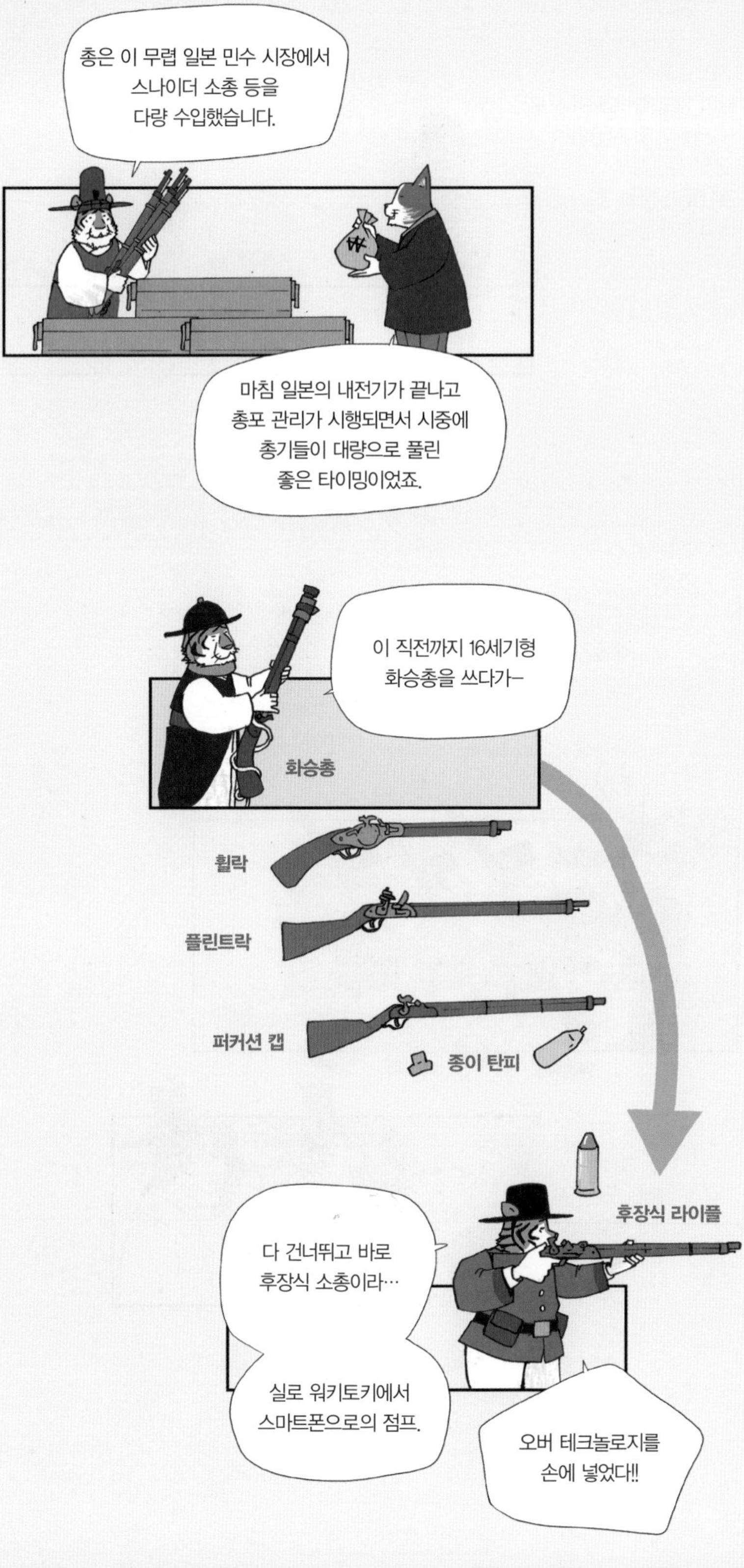

총은 이 무렵 일본 민수 시장에서
스나이더 소총 등을
다량 수입했습니다.

마침 일본의 내전기가 끝나고
총포 관리가 시행되면서 시중에
총기들이 대량으로 풀린
좋은 타이밍이었죠.

이 직전까지 16세기형
화승총을 쓰다가-

화승총

휠락

플린트락

퍼커션 캡

종이 탄피

후장식 라이플

다 건너뛰고 바로
후장식 소총이라…

실로 워키토키에서
스마트폰으로의 점프.

오버 테크놀로지를
손에 넣었다!!

양반 자제들을
머슴들이 업고 출퇴근한다든가,
양반 자제들이 윗 계급의
직업 군인 상관에게
하대한다든가 하는 등
전근대적 추태들도 빈발.

아, 자네가 참령인가~
별기루~

뭐, 전근대적 추태들이야
곧 교정되는 거고, 훈련은
매우 만족스럽게
결과를 내고 있습니다~

이리 일본인들이 서대문 밖에 터 잡고
신군을 서양식으로
교련하는 광경에 대해-

크악!!
이제는 군대까지
왜놈 앞잡이로
만들 셈인가!!

왜놈들이 이리 거들먹거리며
서대문을 들락거리다니
충무공이 현충사에서
드러누우신다!!

Japs OUT!!

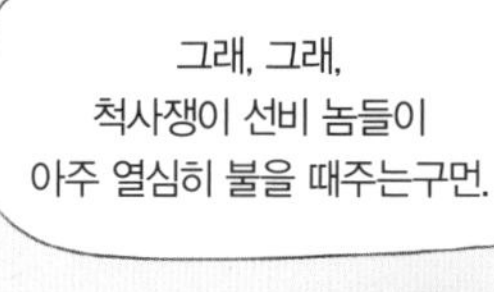
그래, 그래,
척사쟁이 선비 놈들이
아주 열심히 불을 때주는구먼.

시기로 보나
명분으로 보나
거사의 타이밍이
실로 천재일우입니다.
ㅇㅇ,
진행시키도록.
합하께서 거사를
지지해 주십니다.

대원군의 측근 안기영은
영남 남인 유생 강달선과 공모.

ㅇㅇ, 위정척사로 뭉친
유림이 들고일어나면
한순간에 나라가
뒤집어질 게요.

이들은 대원군의 서장자인
이재선을 옹립키로 모의.

먼저 난 형의 자격으로
금상의 폭주 정치를
멈출 때가 되었습니다!
어;; 음;; 명복이가
정치를 잘못함?
난 더 못할 텐데;;
아버님 말씀 잘 듣는
도련님이 훨씬 좋은
임금이 되실 겁니다.

강달선의 거사 계획 플랜 A.
거사일은 1881년 8월 21일,
과거 시험 날로 잡았습니다.
우선 1천 명의 병력으로 과거 시험장에서 유생들을 격동시킵니다.
왕도 서울에서
왜놈들을 몰아내자!!
벌왜!! 벌왜!!
위정척사!!

그리 유생들의 세를 모아
병력의 반은 일본 공사관을 쳐
왜놈들을 모두 토멸하고,
나머지 반은 궁으로 진격해
폐주를 끌어내리는 겁니다.
벌왜!
위정척사
크억!
선비 파워!
영감탱이가
기어코!!!

그리고 이재선
왕위 등극!

이는 곧 이 몸의
재집권!

그런데 거사 당일 아침, 대원군이
거사 계획을 점검해 보니–

병력
1천 명은 어딨누?
아아, 병력은 없지만, 과거 시험장에서
유생들을 멋진 연설로 격동시키면
그대로 다 병력이 될 것입니다!
…무기는?
유생들이 지닌 붓은
칼보다 강하지요!

대원군은 강달선을 잡아 가두고
플랜 A에 따른 거사 취소.

저 미친놈을 당장
잡아 가둬라!!
어허, 믿음이 부족해
거사를 망치시는군요!

이제 거사는 일주일 후를 D-Day 삼아 안기영의 플랜 B로 진행.

남한산성의 병력
기백여 명을 포섭해
음모를 진행하는데…
이 병력으로 어떻게
서울을 칩니까;;
그러니 일단 먼저 강화도를 쳐서
그곳의 병력과 무기, 군수품을
손에 넣고…
예??
강화도요??

거사 참여를 제의받은
남한산성의 군관들은
두려움에 떨다가—

ㄷㄷㄷㄷ 왜 우리에게
이런 시련이;;
저, 의금부죠?

결국 군관 이선풍이 고변.

8월 29일, 이재선과 안기영 이하 일당
30여 명이 모두 체포된다.
췟, 나라도 쪼그라들고
사내들 Ball도 다
쪼그라들었구나.

안기영 이하
주모자 30명은
모두 능지처사.

물론 중국처럼 FM으로
집행하는 건 아니지요.

영남의 남인 선비 다수에게 사약 배송.

이재선은 제주도로 유배 갔다가 두 달 후 사사된다.

명복아, 명복을
빌어다오~ 억ㅋ

왕의 아버지는 무적 면책 특권으로
법망을 피했지만, 운현궁의 측근들
다수의 목이 날아간 탓에
당분간 손발을 잃게 된다.

개똥이 이놈…
이복형이라지만
제 형을 결국
죽였느냐…
뿌드득
뿌드득

재선이 형이 죽게 된 건
마음 아프긴 하지만…
이재선 역모 사건, 불똥은 위정척사파로
그래도 덕분에 난국 타개에
큰 도움이 되었어요.

위정척사?!!

반정역사겠지!!!

*역적들이 죄다 척사꾼이었더라!!
배후를 캐면 고구마 줄기처럼 줄줄이
역적들이 딸려 나오겠구나!!*

**최근까지 격렬하게 타오르던
위정척사 운동의 기세가
이 역모 건으로 단번에 꺾인 것.**

아이고~ 저흰
아닙니다요~!!

역모 공안 정국이 전개되자 척사꾼 선비들이 죄다 입 잠그고 고개를 파묻었습니다.
역시 역적 목 30개 정도를 날리는 게 가장 간단한 정국 장악 팁이죠.
KING

이제 청나라에 가서 양무 운동을 시찰할 영선사도 당당하게 보낼 수 있겠고,
미국 사절도 바로 맞아들여 미국과의 수교도 맺을 수 있겠습니다.
MY KINGDOM MY COFFEE
이리 순조롭게 개국 개화를 추진해 조선을 다시금 중흥시킬 수 있다면…

과인도 후대에 세종대왕, 정조대왕처럼 대왕으로 불릴 수 있을지도? 조선 3대 대왕, 위엄 쩐다~ 수능에도 나오겠지~ 음화홯홣핳홯~ㅎ

굽씨의 오만잡상

일본의 조선과 만주, 대륙으로 이어지는 침략 행보에는 여러 가지 배경이 있겠습니다. 일본인들이 주장하는 바― 일본의 안보에 필수적인 이익선의 확보였다고도 하고. 제국주의 아수라도에서 제국으로서의 성장과 생존을 위한 일반적인 약육강식 룰을 따랐을 뿐이라는 얘기도 있고. 흔히들 하는 이야기로 배타적 시장 확보와 자원 수탈이라는 제국주의 경제 논리에 따른 식민지 확장이었다고도 하고. 일본 전국시대 마인드 그대로 약한 이웃이 옆에 있으면 우리가 잡아먹고 커야 한다는 본능에 따른 것이라고도 하고. 근대 내셔널리즘의 선민주의, 지배 민족 뽕이 차오르다 보니 어찌어찌 그리되었다고도 하고. 뭐, 대충 이 모든 이야기가 복합적으로 작용했다고 볼 수 있겠지요.

그런데 하나 더, 조금 괴이한 설정도 언급할 수 있겠습니다. 그것은 이른바 '아시아주의'라 하는 것이니, 동양 제 민족이 단합해 서구 문명에 맞서야 한다는 이념입니다. 서구 문명을 혐오하고 동양의 정신을 지켜내자는 측면에서 이는 저 옛날 양이운동의 정신적 후계라고도 볼 수 있습니다. 실제로 메이지 유신이 진행되며 서구화가 급속히 진행되는 와중에도 양이운동의 정신적 후예들은 서구 문명에 대한 반감을 뿌리 깊게 간직해 왔고, 탈아입구에 맞서는 흥아론을 전개했습니다. 결국 이후 일본 역사의 전개 과정을 볼 때 서양의 앞선 과학기술과 제도는 적극적으로 도입하고 발전시키되, 이념과 정신문화에서는 일본의 것을 지켜야 한다는 화혼양재가 관철되었다고 할 수 있습니다. 이를 주창했던 사상가들은 서양 물질 문명에 대해 동양 정신 문명의 우월함을 신봉했지요. 이후 필연적으로 벌어질 동양 문명과 서양 문명의 대결에서 동양 제 민족의 규합을 위해 아시아주의가 제창되었습니다.

하지만 조선과 청나라가 근대화해 친일 형제국으로 합류하는 일은 뜻대로 진행되지 않았고, 결국 아시아주의는 문명적으로 가장 앞서 있는 일본이 동양 전체를 힘으로라도 이끌어야 한다는 결론으로 흐르게 되었습니다. 이러한 사상이 조선 침탈의 여러 요인 중 하나로 작용했고, 이후에는 대동아공영권의 이념적 기반으로 작용하게 되었지요. 물론 아시아주의는 실제 역사에서 어떤 실체나 원리로 여겨지기 힘든― 그냥 실없는 천하담론 몽상 수준의 이야기였고, 그 사상가들은 동양 정신문화 어쩌고 하는 신비주의 사이비 약장수들이었다고도 볼 수 있겠습니다. 문명의 충돌이라는 개념 자체가 약 팔기에 좋은 소재이니 말입니다. 오늘날 이 모든 것을 돌이켜 보자면, 그냥 대충 삼국지나 원나블헌 등등의 문화적 공유 코드를 고리 삼아 서로 크게 싸우지 않고 평온한 동북아를 만들 수 있다면 그게 아시아주의의 극의이지 싶습니다.

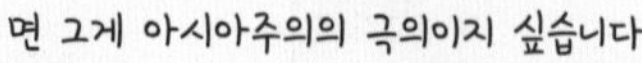

제 8 장

1870년대 연대기 上

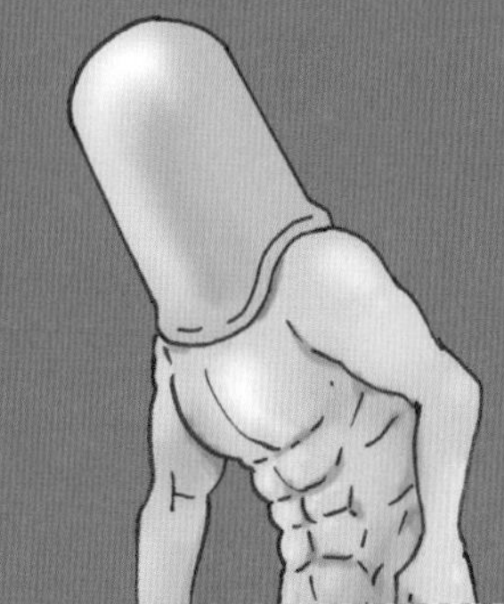

1870년

프랑스군이 분기탱천해
쳐들어와 주지 않으려나?!

1870년 6월,
중국 톈진에서 톈진 교안 발발.

톈진에서
반기독교 폭동이 발발,
서양인 선교사들과
기독교인들 피살.

7월,
프랑스와 프로이센 간에
보불전쟁 발발.

중국에까지
신경 쓸 여유 없다;;

9월, 나폴레옹 3세 항복.

스스로의 혈통빨에 대한
의구심이 드는군요;;

곧이어 파리 포위 시작.

마!!

1870년 8월, 난징에서
양강총독 마신이 암살.

이후 증국번이
양강총독으로 부임.

1870년 2월, 조슈 기병대 탈대 소동 진압하며
93명 처형.

TATATATATATA

12월, 일본 외무성 사절단 부산 왜관 입관.

조선과 일본 간 외교 기싸움인
서계 문제가 본격적으로 전개.

Meanwhile 영국에서는-

모니터함이 아닌 일반 대양 항행 함선으로서는 최초로 2개의 360도 강철 회전 포탑을 탑재한 HMS 캡틴(1869년 진수)이 정규 항해에 나섰는데.

이중 갑판 구조로
하부 갑판에 포탑을 설치.

꾀르르릉
캡틴;;
오 마이 캡틴;;
1870년 4월, 스페인 갈리시아
앞바다에서 전복 & 침몰해
약 480명 사망.

같은 달, 1차 바티칸 공의회의 결과물인 교의·교회헌장 발표.

유물론, 범신론
다 지옥 간다.
교황무류성!
교황은 언제나
옳다.

비오 9세

9월,
이탈리아군 로마 입성
& 교황령 병합.

그건 님 생각이고요.
비오 9세,
방 비오!
크악!!
너 파문!!
파문 업적
달성 ㄱㅅ!!

비토리오 에마누엘레 2세

1870~71년, 뉴욕에서는 아이리시 카톨릭교도들과
스코티시 개신교도들 간에 패싸움-
오렌지 폭동 발발해 60여 명 사망.

말이야!
앞에 말이야!!
유니콘인데.

그 외 1870년,
존 D. 록펠러가
스탠더드 오일 창립.

이름하여 '표준 5일'!
세계 석유 시장의 90%를
지배하게 될 것이다!
EXXon
Mobil
Chevron

1871년

1871년 1월, 베르사유 궁에서 독일제국 선포.

1월, 프랑스 측 굴복으로 보불전쟁 종료.
5월, 프랑크푸르트 강화조약.

알자스 썰고,
로렌 썰고,
20억 프랑 뱉고.

1871년 3월,
파리 코뮌 성립.
레볼루시옹!!

왜 불렀시옹~!
5월,
파리 코뮌 진압.

조선에서는 1871년 4월,
이필제의 난 발발.
제세안민
직항경성
Feel 제 굿~!

6월,
신미양요 발발.

8월, 일본의
폐번치현 발표.
1천 년
지방자치의
종말;;

9월, 청일수호조약 체결.
한자도 기모노도
사실 다 중국에서
기원한 거 아시죠?
사실 우리 조상들은 다
아프리카에서 왔지요.
清日修好条規
청일수호조약

12월, 이와쿠라 사절단 출발.

공무원들이
혈세로 세계 유람을!!

같은 달,
미야코섬 주민 조난 사건 발생.

류큐인 54명이
대만 파이완족에게
살해당했지요;;

페르시아에서는
1871년부터 1872년까지
이어진 대기근으로
약 150만 명 이상 사망 추정.

1869년부터 1870년대 초반까지
세계를 휩쓴 기근 플로우 중에서도
특히 심했죠;;

1871년 10월, 시카고 대화재.

Pizza must go on!

그 외 1871년의
주요 사건으로는–

LA 중국인 박해로
20명 사망.

이 총 이름이
칭챙총이여!

누가 미국을 정의지국이라
일컫더란 말이냐?!

존 P. 모건이
JP 모건
투자은행 설립.

제와삐.

거, 개나 소나 총
쏴제끼지 못하게
규제 좀 강화합시다!

NRA(전미총기협회) 창립.

총기 규제 강화로
선진 총기 문화 창달!

영국에서는 랄프 H. 트위델이
휴대 가능한 증기 리벳 건 발명.
선박, 철골 구조 제작의
신세계가 열린다!
쿵

프리드리히 J. 미셔가
핵산 분리.
DNA가 뭐여?!
드나?
드래곤볼 나루토?

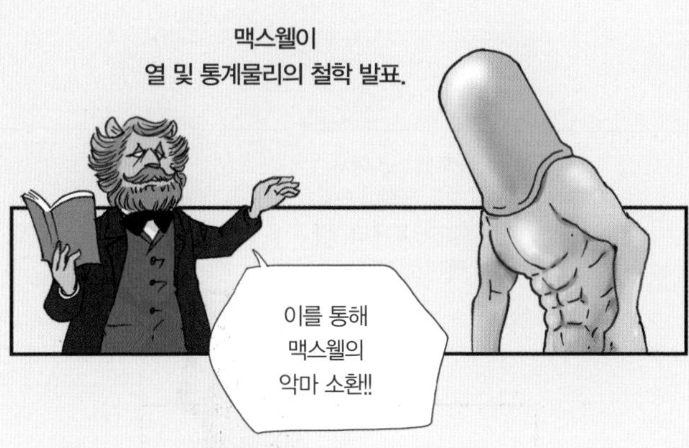
맥스웰이
열 및 통계물리의 철학 발표.
이를 통해
맥스웰의
악마 소환!!

1872년

도쿄-요코하마 간
철도 개통.

도쿄
요코하마
협궤인데 괜찮을까?

일본인은 몸집이 작으니까 다이조부.

카이저의 것은 카이저에게! 교회의 것은 교회에게!!

독일 국가관 시험 통과한 사제만 서임될 수 있다!

독일에서는
카톨릭과 독일 정부 간
사제 서임과 교회 통제를
두고 문화투쟁 발발.

음? 교황과 독일 황제가 서임권을 두고 다툰다고?

이거 완전···

이 문화투쟁 과정에서 교회 재산이 모두 정부에 압류되고 수많은 사제가 투옥되거나 나라를 떠났지요;;

문화투쟁은 문화(大)혁명 순한 맛인가;;

스페인에서는 정치 혼돈이 이어져
북부에서 카를리스타의 난,
지방 각지에서 자치권 확대를
요구하는 칸톤주의자들의 소요 횡행.

이 나라는 내전이
국민 스포츠인가…

트루 킹
카를로스 7세를
맞이하라!!

아메데오 1세

보릿자루
(꿔옴)

지방자치

뉴질랜드에서는
마지막 마오리전쟁인
테쿠티전쟁 종료.

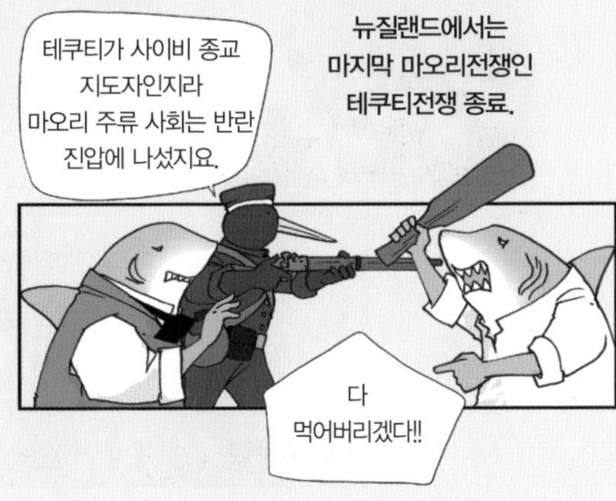
테쿠티가 사이비 종교
지도자인지라
마오리 주류 사회는 반란
진압에 나섰지요.
다
먹어버리겠다!!

오스트리아에서는
루트비히 볼츠만이
볼츠만 방정식 유도.

기체 분자들이
난잡하게
날뛰고 있어!!!
크읏!!!
엔트로피가
점점 커져버렸!!!
H값!!! H!! H!!!
엣찌?!

시세이도 창립.

한순간도
일생도
아름답게~
본 만화는
뒷광고를 담고
있지 않습니다.

1873년

좌종당이
섬감 둥간혁명 진압 완료.
둥간혁명
으어; 10년 반란
드디어 종결;;

1873년 10월,
메이지 6년의 정변으로
정한론파 실각.

내전의 향기가
몰려온다.

11월,
계유상소로 흥선대원군 실각.

저격 받으십시오!!
탕
탕

그 외 1873년의
주요 사건으로는-

야쿱 벡이
오스만제국에서
에미르로 책봉.

근데 신강이
어디야??

아프리카 가나에서
3차 앵글로-아샨티 전쟁 발발.

그리 입고 다니면
안 덥냐??!

전쟁은 1년 후에 영국의 승리로 끝나며
황금해안에서 아샨티제국 세력이 무력화된다.

인도네시아에서
네덜란드와
아체 술탄군 간
아체전쟁 발발.

1만 몇천 병력을
동원한 네덜란드의 승리!!
아체! 아체! 화란 놈들!
아, 체한다!!
아는 체
하지 마라~

네덜란드의 승리 선언에도 불구하고
이후 게릴라전이 20세기까지 이어진다.

태국에서는
20세의 국왕 쭐랄롱꼰과
사촌형인 부왕 웨차이찬 간의
권력 투쟁– 전궁(부왕부)
위기 발발.

서양식 신군,
사병화하지 마시지?
거, 근대화 대업은 소신에게
맡겨주시지, 좀?

웨차이찬은 영국 공사의 도움을
기대하는 등 외세를 끌어들이려 했는데.

어; 영국은 이런 케이스에
내정 간섭 안 합니다;;

결국 웨차이찬은
국왕에게 굴복,
젊은 국왕의 절대
권력이 공고해진다.

과인– 쭐랄롱꼰 라마 5세는
태국 근대화와 국체 보전의
대업을 달성한
대왕으로 불릴 것이다!

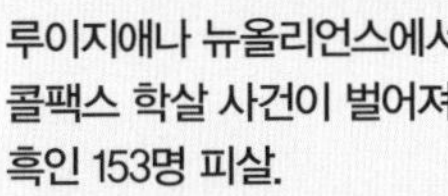
루이지애나 뉴올리언스에서
콜팩스 학살 사건이 벌어져
흑인 153명 피살.

주지사 선거 부정을 주장하는 백인 민병대에 맞서 주 법원 청사를 지키기 위해 모여든 흑인들을
500여 명의 백인 민병대가 공격해 학살.
아니, 왜 부정 선거인데?!
껌둥이도 투표했으니까!

남부 재건 시대에
콜팩스 학살 사건 외에도
남부 각지에서
백인 민병대가 준동하며
유사한 사건이 빈발.

어휴; 미개한 남만 땅에는 신경을 끊자;;

연방 정부도
더는 관여하지 않고
방기하게 되면서,

KㅋK ~

남부는 다시
백인 우월주의자들의
손에 넘어가 흑인 박해가
오래도록 이어지게 된다.

서부에서는 1870년대 전반에 걸쳐 인디언 부족 강제 이주 정책으로 모독전쟁, 아파치전쟁, 코만치전쟁 등이 줄줄이 이어지고 있는 중;;

아니, 부족 이름이 어떻게 '모독'.

대공황 발발.
이후 20년 넘게 장기 불황으로 이어진다.

4월, 빈 주식시장
붕괴로 시작.

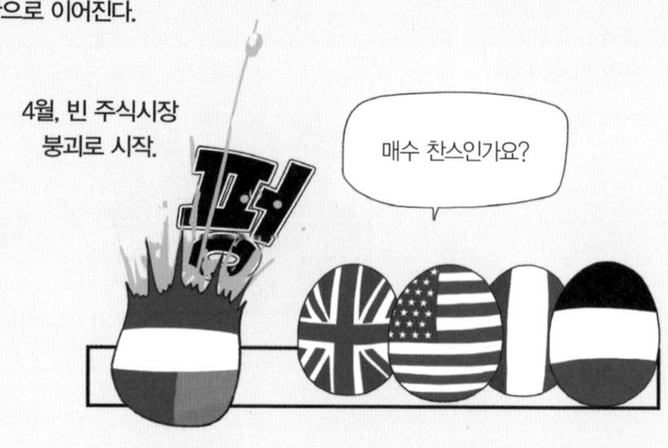
매수 찬스인가요?
펑

몇 달 후
줄줄이 다 터진다.

입수 찬스입니다.
펑
펑
펑
펑

산업 전반의 이윤 저하와
철도 버블 붕괴 등과 함께
각국의 무리한 금본위제
도입이 불황의 요인으로
지적된다.

ㅎㅎ, 프랑스한테 배상금으로 받은
금으로 이제 금본위제 해야지~
제국이라면 모름지기 금화지 금화!

Silver
Gold
오, 나도 나도~!

복본위 시대에는 은화 1냥를 벌기 위해 일주일의 노동과 생산품이면 족했는데.
이로써 전 세계적 디플레이션 심화.
은화는 아주 많으니까~

금본위 시대에 금화 1냥을 벌려면 한 달을 일해야 해!!
금화는 귀한 몸이시다.

대불황과 함께 영국에는 농업 공황도 도래.
증기선 등의 물류 발전으로 값싼 미국산 농산물이 영국으로 쏟아져 들어온다!
US 밀

농촌의 농업 보호 관세
요구에도 불구하고
영국 정부는 관세 부과 거부.

자유무역의 대의를
지켜야 한드아…
신념의
깡다구 보소 ㅋ
관세
관세
이래도 관세 안 때려?
이야, 독하다 독해 ㅋㅋ

그 결과 토지 귀족 계층 大몰락,

이촌향도 현상 심화.

농지에서 수익이
안 나와;;
영국
농업
런던의 악명 높은
19세기 농민공 라이프가
펼쳐지게 되죠.

이후 농업 몰락이 지속되어
20세기 초에 영국은
밀의 80%, 육류의 40%를
수입에 의존하게 된다.

지방 농지는 농사 다 때려치우고
축산업 초지로 변했으니,
풍광 면에서는 이득일지도?
U.S.

과학 분야에서는 프레드릭 거트리가
열전자 방출 현상 발견.
전기로 지지니까
뭐가 막 나오는데?
호~?
에디슨

노르웨이에서
게르하르 A. 한센이
나병의 원인균 발견.
너
누구냐!?
나야! 나!
나병!
(질병 원인균으로는 최초로 관측된 박테리아.)

하인리히 슐리만이 트로이 발굴.
보고 있냐!
강단 사학 놈들!!
브래드 피트의
투구다!!

미즈호 은행의 전신인
일본제일은행 설립.

SC제일은행과는
아무 관련 없음.

필리어스 포그,
80일 만에 세계 일주 성공.

헉; 가스불;

1874년

1874년 2월, 사가의 난 발발.

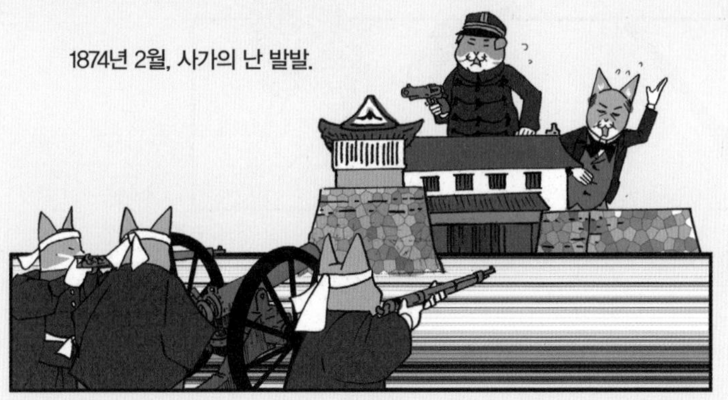

5월, 일본군 대만 틈입.

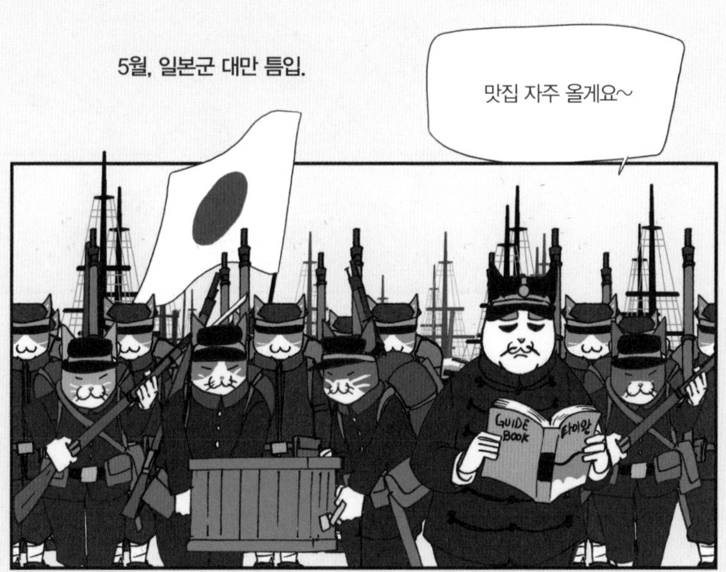
맛집 자주 올게요~
GUIDE BOOK
타이완

그 외 1874년의
주요 사건으로는–

이집트군의 에티오피아 침공으로
에이전쟁 발발.

4천 년 역사에서 얻은
교훈이 없구먼!
어떻게 전쟁
이름이 에이전쟁 ㅋ

이집트가 발린다.

만국 우편 연합 발족.

국제 펜팔, 해외 배송
신세계가 열린다!!
UPU

ADT 설립.

ADT
보안 하면 역시
보안관의 나라!

네슬레에서
최초의 밀크 초콜릿 개발.

드디어 스위스산 초콜릿에
스위스에서 나는 뭔가가
들어가게 되는군요.

블라디미르 A. 베츠가
대뇌피질에서
베츠 세포 발견.

뇌절임 드립은
뇌절인가 아닌가.

찰스 R.A. 라이트가 헤로인 합성.

아편전쟁에 대한
속죄의 의미로
세상에 바칩니다.

굽씨의 오만잡상

깜빡하고 빼먹은 중요한 사건이 1872년에 있었던 '마리아 루즈Maria Luz호 사건'입니다. 마카오에서 페루로 향하던 페루 선박 마리아 루즈호가 1872년 7월 요코하마에 입항합니다. 이 배에는 중국에서 노예 계약을 맺고 페루로 이송되던 중국인 쿨리 231명이 승선해 있었는데, 그중 몇 명이 학대를 견디지 못하고 배를 빠져나와 영국 군함에 구조 요청을 합니다. 이에 영국 측은 마리아 루즈호를 노예선으로 일본 당국에 신고하고, 일본 당국은 선장에게 중국인들을 모두 풀어줄 것을 명령합니다(당시 일본과 페루는 아직 수교 전). 이에 마리아 루즈호가 불복해 법정 싸움으로 가게 되지요. 마리아 루즈호 측 변호인은 일본 내 예창기(게이샤, 유녀)의 노예 계약을 예로 들며 일본에서 노예 계약이 불법이 아니라고 공격해 일본 정부를 당황시켰습니다. 어쨌거나 일본 법정은 중국인들을 모두 풀어주도록 판결했고, 페루 측의 항의는 러시아 황제 알렉산드르 2세가 주관한 국제 중재 재판에서도 받아들여지지 않았습니다.

이에 청조가 일본 당국에 감사를 표해 양국 사이에 훈훈한 우호의 기운이 잠시 깃들기도 했지만, 얼마 후 1874년 일본의 대만 침공이 진행되죠. 마리아 루즈호 재판에서 제기된 예창기 노예계약 문제에 대해 일본 정부는 1872년 11월, 기녀의 인신매매와 인신구속을 금하는 예창기 해방령을 내려 체면을 세웁니다. 하지만 제대로 된 후속 조치나 단속은 이루어지지 않았기에 유곽의 실태는 큰 변화 없이 이어져 갔지요. 더구나 그 과정에서 기녀들의 몸값 문제를 두고 일본 정부가 '기녀들에게 몸값을 물을 수 없음은 소와 말에게 그 몸값을 물을 수 없음과 같다'라는, 소위 '우마해방령'으로 불린 입장을 밝혀, 그 인권 의식이 지탄받기도 했습니다.

제 9 장

1870년대 연대기 下

1875년

1875년 1월, 민씨 척족 수장 민승호가 폭탄 테러로 피살.

청나라에서는
동치제 사망.

2월, 광서제 즉위.

5월, 러시아와 일본 간
상트페테르부르크조약 체결.

일본과 러시아 간
북방 영토 경계 확정.

같은 달, 좌종당이
신강 수복
흠차대신에 임명.

9월, 운요호 사건 발발.

탕
투당
뚜둥
투탕
타다당
슬루프함 1척과 병력 20여 명에
영종도 영종진 궤멸;;

그 외 1875년의
주요 사건으로는-

우즈벡 전체가 대충
러시아 세력
범위 내로 복속.

러시아
일리
청
히바
부하라
코칸트
투르크멘
카쉬가리아
오스만
페르시아
아프간
티베트
영국령 인도

영국이
이집트에서
수에즈 운하 매입.

무리한 근대화 비용과
에티오피아 침공 고전으로
빚더미에 앉아서
어쩔 수 없었다… ㅠㅠ
SUEZ

국제 미터 협약 체결,
국제 도량형 총회 설립.

길이는 미터!!
질량은 그램!!
응, 야드 파운드
Forever~ㅎ

1876년

1876년 2월,
강화도조약 체결.

5월,
1차 수신사 파견.

일본 애들이 얼마나
렙업했나 함 보고 오자.

TA TA TA TA TA TA TA
Free 위구르는
당분간 무리겠구나;;
7월, 청의 신강 원정군
우루무치로 진공 개시.

일본 전국 각지에서
지조 개정 & 신정 반대
민란 빈발.
누가 일본 백성은 순종이
종특이라고 헛소리를;;

1876년 10월,
질록처분 단행.
국가 1년 예산의 3분의 1을 차지하던
사족 봉록 지급을 중지하고
퇴직금을 전액 공채화해
채권을 나눠 준다.
채권
빚

곧이어 구마모토에서
경신당의 난 발발.

질록처분은 뭔
개수작이야?!

조슈에서
하기의 난 발발.

요시다 쇼인 선생이
이딴 꼬라지를 바라셨을까?!
BOOM

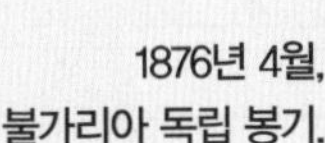
1876년 4월,
불가리아 독립 봉기.

불가리아 독립!
쾌변 만세!

6월,
세르비아와 몬테네그로의 對오스만 선전 포고.

정교회 형제들도
함께 싼다!!

But, 모두 오스만군에게
대충 쥐어터진다.

오스만제국이 아무리
퇴물 되었어도 이딴 꼬꼬마들이
우습게 볼 상대는 아니지!

12월, 콘스탄티노플 회의를 통해 열강은
오스만제국에 불가리아 자치령 설립 중재안 제시.

여기서 더 오버하면
러시아가 어흥~ 한다.

종교 차별 없이
법 앞에 평등~!
이 헌법이면 열강의
요구를 거절할
명분이 되겠지?

그러자 오스만제국
헌법 선포 &

열강의 중재안 거절.

ㅎㅎ~
이제 더는 기독교
박해 없을 거니까
내정 간섭하지 마라!
헌법

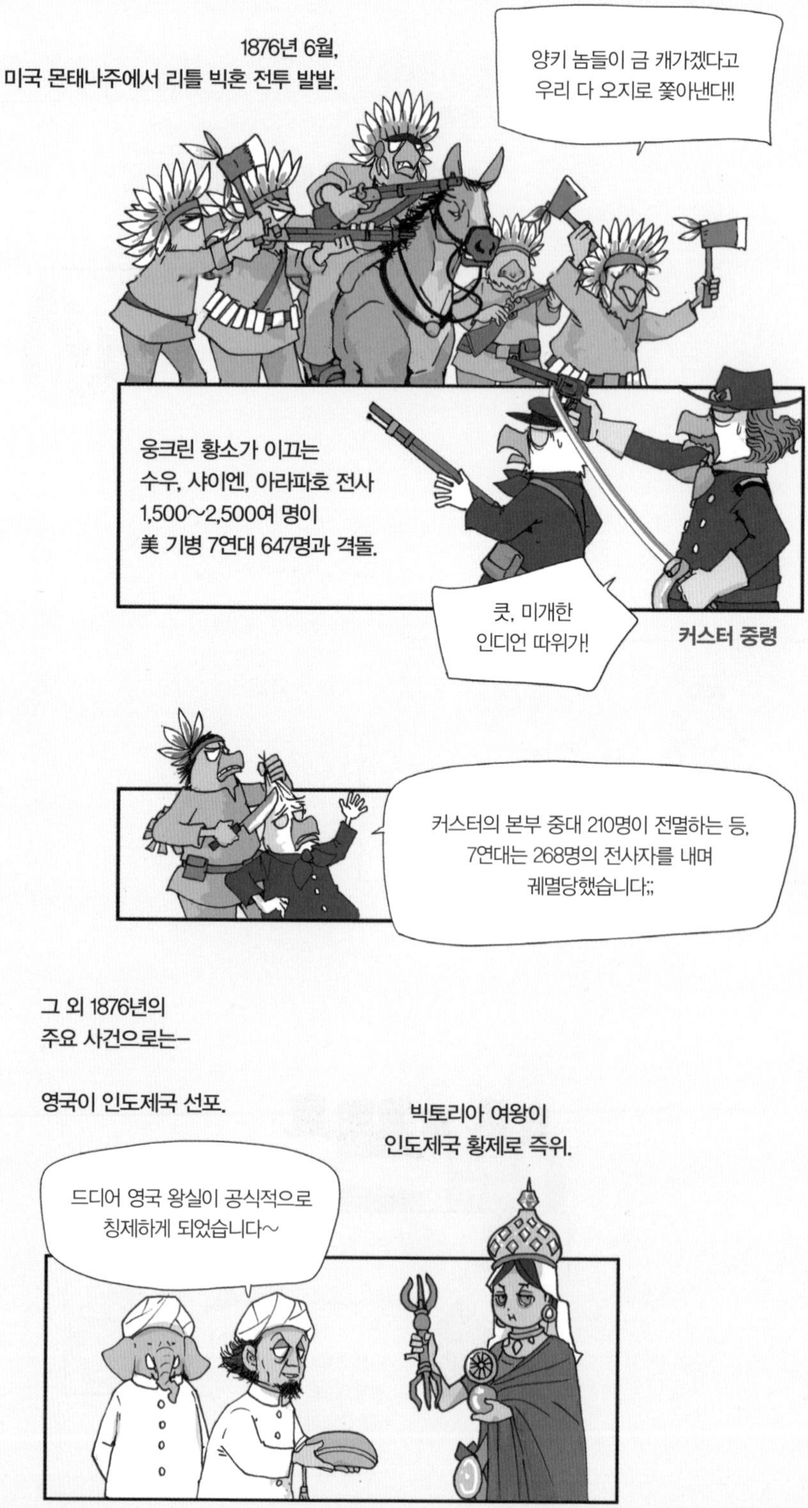

1876년 6월,
미국 몬태나주에서 리틀 빅혼 전투 발발.

양키 놈들이 금 캐가겠다고
우리 다 오지로 쫓아낸다!!

웅크린 황소가 이끄는
수우, 샤이엔, 아라파호 전사
1,500~2,500여 명이
美 기병 7연대 647명과 격돌.

쿳, 미개한
인디언 따위가!

커스터 중령

커스터의 본부 중대 210명이 전멸하는 등,
7연대는 268명의 전사자를 내며
궤멸당했습니다;;

그 외 1876년의
주요 사건으로는-

영국이 인도제국 선포.

빅토리아 여왕이
인도제국 황제로 즉위.

드디어 영국 왕실이 공식적으로
칭제하게 되었습니다~

한편, 1863년부터 1875년까지 이어진 4차 콜레라 팬데믹이 겨우 잠잠해진다.

약 60만 명 이상 사망. 그래도 3차 때 수백만 명 죽은 거에 비하면 좀 낫지.
꾸웩;; 그나마 물을 끓여 마셔야 된다는 사실은 널리 알려지게 되었다.

미국에서는 필라델피아 EXPO 개최.

독립 100주년 기념 박람회~!
그래서 미국 건국의 요람인 필라델피아에서 개최!!

그레이엄 벨이 전화기 발명.

당신에게 전화기가 없다는 건 원거리 실시간 음성 대화 디바이스가 없다는 것.

결국 전화기가 없다는 건,
이런 전화기가 없다는 것.
없는 건 네놈
양심이겠지!!
아마
모친도.

실제로는 엘리샤 그레이의 전화기가 더 먼저라고 하며, 더 이르게는 안토니오 메우치의 전화기 시제품이 있었다고.

흡! 압! 폭! 배!!
독일의
니콜라우스 A. 오토가
4행정 기관 발명.
향후 150년간 자동차는 오로지
이 엔진으로 굴러갈 것이다!!

카를 폰 린데가
현대식 냉장고 개발.
독일이니까!!
당연히 맥주 시원하게
마시려고 만든 거죠!!
암모니아 냉매니까
가스 새지 않게 조심해!

냉장고 개발은
특히 육가공 산업에 大호재.

아메리카 소고기를 유럽으로
수출할 수 있는 길이 열렸다!

그리고 정육점의 도심지 영업이
大일신!! 육류 유통 대혁신과
도시 육식혁명이 발화하게 되죠.

로베르트 코흐가 탄저균 발견.

홋카이도 개척사
장관인 구로다의
지원으로.
애주가로서 일본
酒史에 발자국을
남기게 되어 영광이외다.

홋카이도에
삿포로 맥주 양조장 설립.

이게 소여,
말이여?
소여~

마크 트웨인이
《톰 소여의 모험》 출간.

1877년

1877년 2월, 사이고의 거병으로
서남전쟁 발발.

라스트 사무라이가
되어주갔어.

러시아 & 정교회 형제들!
오스만제국의 압제를
걷어내자고!

4월,
러투전쟁 발발.

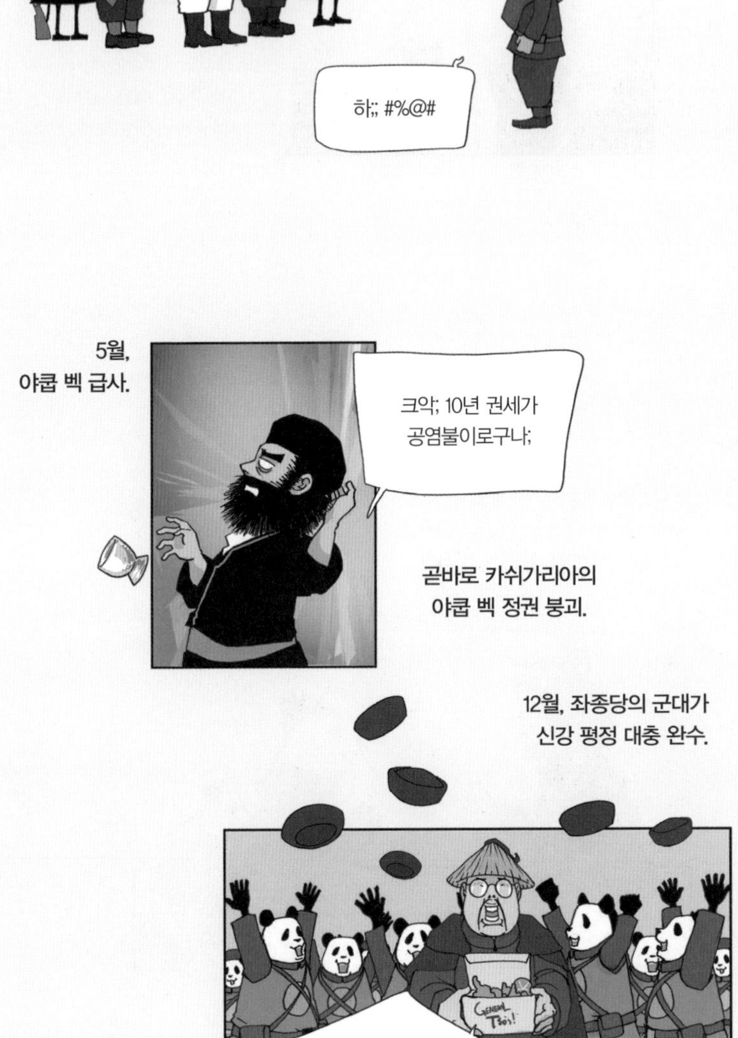
하;; #%@#
5월,
야쿱 벡 급사.
크악; 10년 권세가
공염불이로구나;
곧바로 카쉬가리아의
야쿱 벡 정권 붕괴.
12월, 좌종당의 군대가
신강 평정 대충 완수.
나님이 19세기의
반초, 곽거병이다!

1877년 9월, 사이고의 할복으로 서남전쟁 종료.
그래도 훗날 유신지사 인기투표 하면 내가 오쿠보 이기게 될 것.

그 외 1877년의 주요 사건으로는-

싱가폴이 중국 이민자 조례 발표.

이와 함께 화교 사업가 호선택이 초대 싱가폴 중국 총영사로 취임.

싱가폴로 오는 중국 이민자들에게 법적 신분을 부여하고, 노예 계약에서 해방. 기타 각종 지원 조치 시행.
싱가폴의 화교 도시화가 본격화하기 시작하죠.

토머스 에디슨이
축음기 발명.

당신의 목소리를
영원히 박제하세요!
당신의 목소리를
영원히… 에디슨 코인
얼릉 탑승하라고!

1878년

1878년 5월,
오쿠보 도시미치 암살.

곧이어 이토 히로부미가 후임 내무경으로 취임.

1878년 3월,
러투전쟁이 오스만제국의
패전으로 종전.

산스테파노조약으로
거대 불가리아가 탄생하고
오스만제국의 발칸 영토가
다 날아가게 생김.

6월,
열강의 간섭으로
베를린 회의 개최.

한꺼번에 그리
많이 먹으려다간
탈 나요~

산스테파노조약
내용을 대폭 수정한
베를린조약 체결.

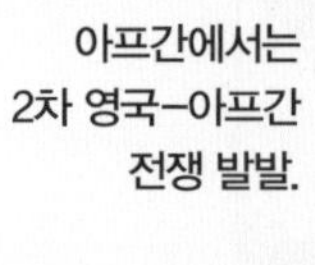

아프간에서는
2차 영국-아프간
전쟁 발발.

이번에는 기필코 아프간에
을사보호조약 관철한다!

1878년 5월, 1868년부터 계속된 쿠바 독립군과 스페인 간의 10년 전쟁이 잔혼조약으로 종전.

독립군이
항복하는 대신,
쿠바의 노예제 폐지와
점진적 자치를 허용한다.
But, 이것은 일시적
휴전일 뿐이리니…

그 외 1878년의 주요 사건으로는–

고베에서 가와사키 쇼조가 가와사키 중공업 창립.

시작은 조선소!
100년 후엔 튜닝 왕!
KAWASAKI

영국에서 윌리엄 크룩스가 크룩스관 발명.

전자 방출!
그래서 전자가 대체 뭐냐고
이과 놈들아;

이구아노돈 화석 발견!
大룡덕 시대
begins!!
나 이렇게
생김?

흡읍!
폭배!

카를 벤츠가
2행정 기관 발명.

구스타프 케셀이
에스프레소 머신 고안.
뭐, 실제 상용화 가능한
머신이 만들어지는 건
몇 년 후지만.
찐 에스프레소 머신은
이탈리아에서
발명될 예정이다!!

레밍턴社에서 최초로
Shift키가 달린 타자기 개발.
Shift키로 소문자와 대문자를 구별해 입력할 수 있다!!
다음은 뭐지? Ctrl+C? Ctrl+Shift+Tab? 모든 것이 가능하다!!
Shift
레밍턴 소총 만드는 그 무기 회사 맞음.

헨리 플레우스가
공기 정화 수중 호흡기
발명.
날숨의 이산화탄소를 제거해 다시 들숨으로.

톨스토이가
《안나 카레니나》 출간.
카레 누나 였으면 더 쩔었겠지.

1879년

1879년 4월, 류큐 처분으로 류큐왕국 멸망.

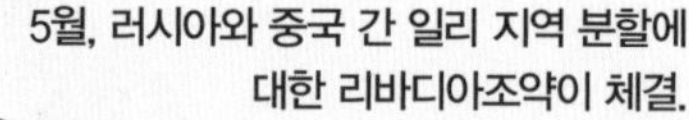

5월, 러시아와 중국 간 일리 지역 분할에
대한 리바디아조약이 체결.

일리 지역 80%는
러시아가 먹는 걸로.
뭔 대놓고
사기 조약이냐?!

청 조정이 조약 내용에 반발해
비준 거부하면서 일리 위기 진행.

빽
이집트에서는
에디오피아 원정
패전(1876)과
재정 위기로 야기된
외세의 간섭에 불만 팽배.
재무장관 자리도
영국인이 차지했다.

이에 6월,
우라비 대령이 이끄는
군부 쿠데타 발발.
이집트
독립 만세!!
외세 축출!!
이스마일 파샤
폐위.
……

그 외 1879년의
주요 사건으로는–

에디슨이
백열전구 발명.
이의 있소!!
영국에서 이미
옛날에 만들었거든!?
뭐, 발명한 건
아니더라도
전구 상용화는
제 공이지요~ㅎ
조셉 스완

존스 홉킨스 대학의 대학원생
콘스탄틴 팔베르크가 사카린 합성.
사카린은 안전하다!
설탕이 사카린보다
100배는 더 해롭다!!

영국의 윌리엄 메이스웬이
최초의 뇌종양 수술 성공.
–라곤 하지만 악성 뇌종양은
21세기에도 여전히
반쯤 불치병이지요…

보험이 있다면 배가
침몰해도 망하지 않아요~!

꺼흙
아리가또~

도쿄해상홀딩스 창립.

보험료는
할증되지만.

과학기술, 산업 발전에
기생충처럼 빨대 꽂은
불로소득 체리 피커
지대 추구 부동산충이
문명의 적이다!!

헨리 조지가
《진보와 빈곤》 출간.

토지 공개념이
답이다!!

왕토 사상
비슷한 건감?

노라~!

조?

입센의 〈인형의 집〉 초연.

Em cismar, sozinho, à noite,
Mais prazer eu encontro lá;
Minha terra tem palmeiras,
Onde canta o Sabiá.

곱씨의 오만잡상

1870년대 후반의 중요한 사건 하나를 빼먹은 것이 있으니, 그것은 바로 '태평양 전쟁'!!

볼리비아는 태평양 쪽 출구인 안토파가스타 지역에 칠레인들의 투자와 진출을 받아들입니다. 그런데 1878년 정정 불안으로 볼리비아 정부가 안토파가스타의 칠레 자산들을 건드리기 시작합니다. 이에 1879년 2월 칠레군이 안토파가스타를 점령하면서 전쟁이 시작됩니다. 볼리비아의 동맹국인 페루가 참전해 함대와 지원군을 보내주면서 전쟁은 확대됩니다. 바다에서는 신형 장갑함을 갖춘 칠레 해군에게 페루 해군이 탈탈 털리고, 지상에서도 칠레군에게 볼리비아-페루 동맹군이 연패하며 안데스산맥 너머로 축출됩니다. 결국 1881년 1월 페루 수도 리마가 칠레군에게 함락당하고 말지요. 이후 2년여간 페루와 볼리비아의 게릴라들이 저항을 이어나가지만, 결국 1883년 종전 협정을 맺으며 전쟁이 끝납니다. 그 결과 칠레는 안토파가스타의 광산 지대를 손에 넣어 큰 부를 얻게 되고 광업국가로의 발전 도상에 오르게 됩니다. 볼리비아는 태평양으로의 출구를 잃고 내륙국가가 되어 암울한 상황을 맞게 되지요. 페루는 빼앗겼던 영토 대부분을 협상으로 다시 찾고 그냥저냥 지내게 됩니다.

이렇게 골목대장 파워를 과시한 칠레는 실로 미국도 가볍게 보지 못할 남미 최강의 해군력을 갖추고 태평양을 향해 웅비를 꿈꿔보기도 합니다. 이스터섬을 차지하고 그 너머 오세아니아까지 시야에 넣어봤지만, 이미 서구 열강이 다 갈라 먹은 후였던지라 칠레의 제국주의 야망은 대충 저 정도 선에서 마무리되었다지요.

제 1 0 장

조미수호조약

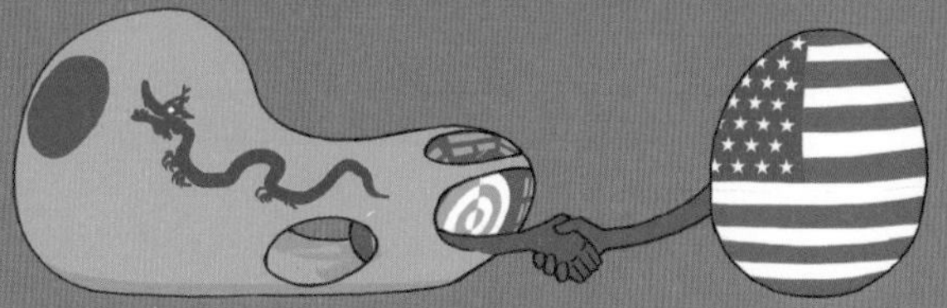

1881년 5월,
조사시찰단을 일본에 보내고.
청나라가 양무운동으로 서양 무기 뿜뿜 뽑아내고 있다니…
역모도, 위정척사 시위도 다 진압했겠다. 이제 공식적으로 서양 무기 제작 기술을 배우기 위해 청나라에 연수단을 파견한다!

1881년 9월, 김윤식이 이끄는
영선사 사절단 80명 중국行.
영선사
김윤식(46세)
그중 36명은 각계 각지에서 선발한 기술 장인들이었지요.

우리 주상께서 특히 뇌홍, 화약의 생산 설비 지원을 긴히 부탁하셨습니다.
그런 건 사실 '화학'이라는 학문을 익힌 공돌이들을 양성해야만 굴릴 수 있는 공장이죠.
걍 재료 넣고 버튼 누르면 화약 완성되서 나오는 기계 주시면 안 되나요?
거기에 공돌이도 같이 갈아 넣어야 작동하는데, 일단 공돌이부터 만들어 보시죠.

So, 조선인 실습생들은 톈진 기기국에서 서양 기술의 묘리를 기초부터 익혀나가기 시작했습니다.

일단 오토캐드 크랙부터 다운받으라해.

오오, 양무운동으로 서양에서 만드는 무기는 중국에서도 다 만들 수 있게 되었군요!
아니, 그래 봤자 아직 서양을 베끼는 수준에서 허덕일 뿐이외다.

진짜 서양 수준을 따라잡고 싶다면
서양으로 대규모 유학생을 보내
인재층을 만들어야 하는 것.

이를 위해 일찍이
1871년부터 나랏돈으로
소년들을 미국 유학 보내는
사업이 추진되었습니다.

중국에서 1년간 영어 공부
빡세게 시킨 12~14세
소년들이 주축이었지요.
溜美幼童
이것이 '유미유동' 프로젝트!

유동들이 서양 사상에 너무
오염되지 않도록 하기 위해
서당 선생도 동행했다.

최초의 중국인 예일대 졸업생
용굉이 이 사업의 책임자
(7권 참조).

미국에 온 유학생들은 일단
고등학교에 입학해 영어와 기초 학문을 익히고,
대학 진학을 모색.

LUX ET VERITAS

이때부터 이미 동양인들이
미국 수험계를 헤집고 다녔구먼.

결국 전체 유학생 120여 명 중 약 3분의 1이
예일대, MIT, 하버드대 등으로 진학해 학위 취득.

예아!! 동양으로 치면
이제 생원인 게지?!
친한 척
할까 말까.

(예일대로 가장 많이 진학.)

일본에서도 1870년대 초부터
아이비리그에 꾸준히
유학생들을 보내고 있었다.

하지만 이
유미유동 사업은
조정 꼰대들의
거센 반대에 직면.

애들이 나랏돈으로
클럽 가서 약
빤다더라!!
중국혼을 잃고
겉은 노랗지만
속은 하얀 바나나가
되었다더라!!
큿;

결국 1875년 4차 유학생단 출국을 끝으로
유미유동 사업 폐지.

하지만 관비 유학 사업이 잠시 끊긴 것일 뿐,
서양 선교사나 화교 네트워크를 통해
민간 유학생들은 계속 서양으로 향합니다.

유미유동 사업 출신 중 다수는 이홍장이 회군 라인으로 흡수, 차세대의 엘리트 브레인으로 활약하지요.

(덕분에 훗날 청일전쟁 때 예일대, MIT 출신 전사자들이 줄줄이 나오는 사태가…)

근데, 그리 미국으로 유학생을 보내려면 일단 미국과 화친해야 하는 일이…
사실, 제가 미국과의 수교 관련 협의 임무도 지니고 왔지요.
ㅇㅇ, 이제 미국 쪽에서 톈진으로 올 것이니, 여기서 세팅을 다 진행할 겁니다.

라이라이~ 어서 오라해~

조선에서 뺀찌 먹은 슈펠트 제독이 1882년 1월 톈진으로 들어오고.

중국인들은 일본인들과 달리
슈펠트를 대단히 융숭, 극진하게 대접.

아이고 근육
많이 뭉치셨네~

《조선책략》에서
중요시되는 조미 수교가 청나라
입맛대로 진행되려면 슈펠트의
환심을 살 필요가 큰 것.

1882년 3~4월, 이홍장은 슈펠트와
조미 수교 조약의 초안 작성을 위한 회담 진행.

어휴, 이거 참
중요한 회담이군요.

아, 근데 너님은 조선 조정
전권 위임장 같은 거 안 갖고
왔으니, 회담 참석 안 되겠네요.
엑;;

김윤식의
회담 참여는 불발.

Nice to meet you.
오, 영어 잘하시네요.
……

관세요!! 관세!!! 관세 자주권 빼먹지 말아주세요!!
ㅇㅋ! ㅇㅋ! 좋은 조건으로 잘해줄 테니 걱정 마쇼!

회담 참여는 못 했지만,
김윤식은 어떻게든 이홍장에게
조선 조정의 요구 조건을
꼬박꼬박 전달했고.

이렇게 작성된 조약 초안에 관세 자주권 물론 챙겨드렸고요~
자주관세!
오, ㄱㅅ!!
나중에 외국인 관세사도 섭외해 드림.

거중조정! 뭔가 나쁜 일 당했을 때
미국이 성심성의껏 도와준다는 항목도 있음!

얼른 도와줘라!!

도움~!!

……

(조선에 미국을 끌어들여
러시아나 일본을 막는다는
계책의 중요한 부분이지.)

아, 그리고 중요한 게,
조선이라는 나라가
예로부터 대대로
중국의 속국이었거든요?

So, 이 조미수호조약에도
조선은 청나라의 속국이라는
사실을 언급해야
적당하겠습니다~

어;; 그건 좀;;

오스만제국과 달리 이 동네에서는
속국 룰에 대한 국제적 합의가 없고,
그게 혹시 조선에 대한
중국의 특수 이익 관계를 뜻한다면
소관이 인정할 수 있는
범위가 아님.
큿;

이런 식으로
중국의 특수 로컬 룰 주장을
미국이 인증해 주는 모양새는
취해줄 수 없고요.

여기서 미국은 단지 일반적
보통 국가 관계로서 조선과의
수교에만 목적을 두고 있답니다.

……

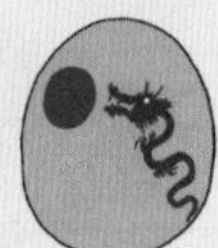

So,
조미수호조약에
청 속국 인증
조항은 들어가지
않게 되었지만—

…조선이 청의 속국이라는 알림장을
미국 정부에 보내도록 하시오.

…늬예…

나중에 알림장을
따로 보내야 했다.

그리 조미수호조약 초안이 만들어지고
1882년 5월, 슈펠트 인천行.

이홍장의 법률 고문
마건충이 동행.
중국 측에서
막대한 선물과 함께
무슨 무슨 제독
벼슬까지
제수받았다.
(파리 정치대학
시앙스포 출신.)

슈펠트와 마건충을
인천에서 신헌과 김홍집이 맞아
1882년 5월 22일, 조미수호통상조약 체결.

텐진에서 만들어진 초안에
조선 측이 몇몇 조항을 추가해
(강화도조약에서의 학습 효과)
조약문이 완성되었다.

1조-
대충 조선과 미국이 영원히 화평우호,
몹쓸 짓 당하면 서로 반드시 돕는다.

믿습니다!
거중조정!

2조-
공사관 설치, 서로 공사 파견.

3조-
구난 선박,
선원 구휼.

4조–
미국의 치외법권
인정.

이건
불평등하네;
미국인이 조선에서
죄짓고 주리 틀리는
꼴을 볼 수는 없잖아.

해관
관세 +10%
Made in USA
이건 좋은 것이다!
왜놈들 개객끼!!!

5조–
조선의 자주 관세 인정.

6조–
개항지 내
부동산 거래 인정,
미국 상인의 조선
내륙 진입 불허.

어휴, 내륙으로
들어와 봤자 뭐
볼 거 없어요~

7조–
아편 거래 금지.

8조–
조선의 방곡령 권한 인정.

미국인이 조선에서
쌀 수입할 일은
별로 없겠지만…
쌀이 너무 많이 빠져나갈
때는 수출 금지 조치요~
왜놈들 개객끼!!

아, 그리고 홍삼은
국가 전매품이라
거래 금지요.
쌀

9조–
민간인에게
무기 판매 금지.

10조–
조선인 고용 가능,
범죄자 은닉 금지.

11조–
유학생 원호.

12조– 이 조약은 약정 5년, 세부 사항 수시로 협의.
13조– 오가는 공문은 한문과 영어로 작성.
etc…
뭐, 이 정도면 나름 괜찮은 조약 같은데~
그럼요, 그럼요~ 미국은 정의지국이니까요~ㅎ
물론 미국의 이익을 보장할 수 있는 조항도 있긴 있어야 하는 고로–

14조–
미국에 대한 최혜국 조항.

최혜국? 최성국 동생인가?
그건 말이죠~

언젠가 조선이 다른 나라에 같은 조약상 더 나은 특혜를 준다면,
크읏; 불평등하다;

미국에도 자동으로
그 특혜를 똑같이
적용해 줘야 한다는 얘기죠.
엥??!
에에에엥??
뭐 언젠가는 전 세계 상호
최혜국이 국룰이 되겠지요.

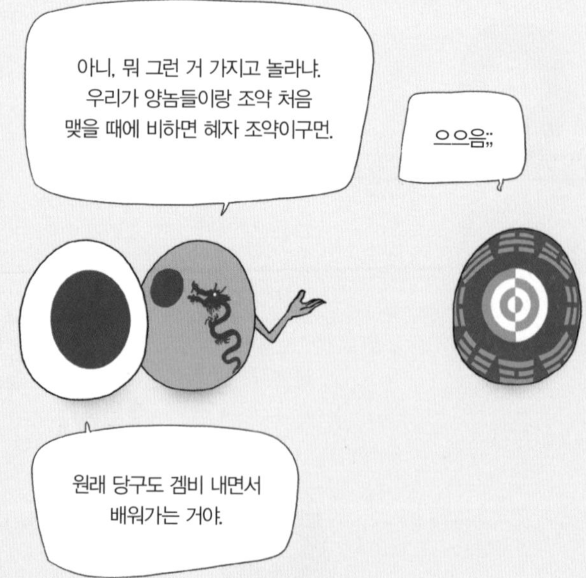
아니, 뭐 그런 거 가지고 놀라냐.
우리가 양놈들이랑 조약 처음
맺을 때에 비하면 혜자 조약이구먼.
으으음;;
원래 당구도 겜비 내면서
배워가는 거야.

조약은 이리 여차저차 맺었는데,
이거 조인식 할 때 국기를
같이 게양해야 하지 않겠습니까?
Oh~!
그렇죠, 국기가
있어야죠…
그런 부분까지 고려해서,
조선을 위해 국기 디자인을
준비해 왔답니다~!
왜 당신네가;;
조선 국기 시안
V.2a

청나라의 황룡기와 같은
드래곤 플래그 시리즈로
홍룡기 어떠신지요!
파란 구름도 넣고,
용 발톱 숫자는 청나라
용보다 하나 적게 하시고.
.....

저딴 중국제 무근본 디자인 말고
우리네 근본 있는 디자인을
만들어야 해;;
역관 이응준
우리네 근본과 함께
범유라시아적이고
범성리학적인 디자인
말이죠!

유라시아 중앙부에서
발원한 卍자 문양.

한반도와 극동
각지에서 태극 문양은
천몇백 년 이상
전부터 쓰여왔죠.

삼태극은
卍자 문양과도
연관이 있다 하고.

이거
좋아 보이는데.

삼태극보다는
쌍태극이 좀 더
유교적이겠지.

하면 저 쌍태극을
센터로 삼고.

성리학 태극과 8괘도로
이뤄진 왕실어기를
베이스 삼아.

그리고 8괘는 너무 번잡하니까
4괘로 줄인다.

그렇게 국기
태극기 탄생!!
국기 디자인
업계에 신선한
충격!
펩시 뒷광고
의혹!

그리고 이 태극기가
태어나자마자 최초로 함께 게양된
외국 국기는 성조기였으니
태극기와 성조기 조합은 참으로 근본 있는
조합이라 할 수 있…

거, 우리도 좀 조선
소개시켜 주쇼.
뭐, 소개장 대충
써줄 테니 알아서 가쇼.

한편 조미 수교의 진행을 지켜본
영국 측에서는-

주청 영국 공사 웨이드

이에 영국 동양 함대의
윌리스 제독이
미국인들에 이어 바로 내한.

조영하가 인천에서 맞이해 1882년 6월 6일,
조영수호통상조약 조인.

자주 관세가 아닌 협정 관세로 하는 등 조미수호통상조약보다
세부적으로 조금씩 더 불평등하게 내용 구성.

그런데 이 조약은 영국 국내의
반대에 부딪혀 다음 해에
다시 협상하게 된다…
아니, 어떻게 영국이 일본 따위보다
더 못한 조건으로 조약을
맺을 수 있단 말인가?!
정말로 이런
이유로.

이어서 바로 주청 독일 공사
브란트가 건너와 1882년 6월 30일,
조독수호통상조약 체결.

영국 것과 거의
비슷한 내용으로.

(이것도 다음 해에 재협상하게 된다.)

아니 잠깐, 프랑스보다
독일이 먼저 왔다고??
프랑스 놈들은 왜 안 오는겨??
그 천하 오지라퍼가??

....

원명원 한 번 더 털어줄까?!!
보불전쟁 이후 프랑스가 쩌리 된 건 천하가 다 아는 사실!!
네놈한테는 조선 소개 안 시켜준다!!

당시 프랑스는 베트남 문제로 청나라와
관계가 악화되었는지라 청나라 소개장을
들고 조선으로 올 수 없었던 것.

아무튼 이리 서양의 대국들과 (형식적으로나마) 대등하게 수교하고 국제 무대 데뷔하니, 뭔가 콧구멍에 기분 좋은 벌렁거림이 있군요.
Beer
From USA
그리고 이런 과정들을 겪으면서 청나라 놈들이 다른 동네 사람들 앞에서 조선을 속국이라 강조하는 꼬라지가 이전과는 달리 조금 거슥하네요…

So, 청나라와의 외교도 서양식으로 개편 가능할지 함 살짝 찔러보자.
이를 위해 어윤중을 문의관으로 톈진 파견.

어윤중(34세)

비용만 많이 들고 번거로운
전통 사신인 정기 사행사는 이제 폐지하고
서양애들처럼 서울과 베이징에 서로
상주 공사 두는 게 어떨는지요?
그러면서 이제 조선의 對청 외교 창구도
예부에서 총리아문으로 바꿔주심이…
&
고리타분한 사행무역, 국경에서의
개시무역 같은 것들 대체할 서양식 통상조약도…

–라는 말인즉슨,
조선 사신이 이제 주청 조선 공사라는
직함으로 총리아문을 들락거리는
서양 공사들과 같은 항렬에
서고 싶다는 속셈이렸다!
총리아문
예부
저도 이제 저쪽에
가서 줄 서는 게
좋지 않을까요~ㅎ

그건
안 되지.
총리아문
예부
넌 언제까지나
예부로 와야 해.

정기 사행사 폐지는 ㅇㅋ.
서양식 통상장정도 ㅇㅋ.
상주 공사 두는 건 생각 좀 하고.
조선 사신은 계속 총리아문이 아닌
예부에서 상대할 것이오.
엑;

아니, 솔직히 조선 관련 정책도
실제로는 예부가 아닌 총리아문에서
다 주관하잖습니까? 케케묵은
형식만 고집하기보다는
좀 실용적으로…
아,
잠깐만요;
위옹위옹!
위옹위옹!
긴급 메세지가;;

…흐음?
?

…조선에서 쿠데타가 터져서
대신 다수와 왕비까지
죽었다는대요?;;

곱씨의 오만잡상

1872년 시작된 청조의 유소년 국비 유학 미국 파견 프로젝트- 유미유동. 이 사업으로 이후 1880년까지 120명의 소년이 미국으로 가서 공부하게 됩니다. 12세 남짓의 이 소년 중 상당수가 미국 명문 대학교에 진학해 학위를 따고 고국으로 돌아와 중국 근대화를 이끄는 엘리트로 성장하게 됩니다. 이들 중에서 중화민국 초대 총리가 나왔고, 여러 장관, 외교관과 기술 관료가 배출되었습니다. 칭화대학교 초대 총장, 북양대학교 총장 등 근대 교육에 투신한 이들도 있었고, 다수의 광공업 엔지니어, 공학자, 사업가가 양성되었습니다. 또한 14명의 유학파 해군 장교가 배출되어 청조 근대 해군을 이끌었는데, 그중 8명이 청불전쟁과 청일전쟁의 해전에서 전사합니다.

유미유동 외에도 여러 경로를 통해 다수의 중국 유학생이 유럽과 미국으로 건너가 공부하고 왔으니, 사실 청나라 말기 근대화를 추진하며 유학파 엘리트가 부족했다고는 할 수 없을 것 같습니다. 문제는 이런 유학파 엘리트들이 실권을 가지고 나라를 이끌 수 있는 체제가 아니었다는 부분이지 싶습니다. 그래서인지 유미유동 출신 중 몇 명은 훗날 혁명에 가담하기도 했다지요.

제 1 1 장

We are Soldiers

아시다시피 조선 후기 군대는
완전히 모병제로 굴러가는 군대였죠.
군역 대상자들에게 군포를 걷어서-
사실 이제 군포도
그냥 도결에 다 퉁쳐서
쌀, 돈으로 받고 있고.
그 예산으로
직업군인을 고용해
군대를 유지하고
있습니다.
지방에서 올려 보내는 번상병도
이제는 사람이 아니라
세금으로 올려 보내지요.

So, 그 군대의 핵심은 서울의 5군영!
총 병력 약 1만 6천~2만.
금위영
어영청
훈련도감
총융청
수어청

그중에서도
5군영 병력의
절반 이상을 차지하는
훈련도감이
핵심이었습니다.

훈련도감에서
훈련도 감. 엌ㅋ

그 병력은 몰락 잔반에서 승려, 천민까지
다양한 계층의 인원들을
가리지 않고 모집.

訓鍊都監
CHOSUN
WANTS YOU

짬밥이라도 나오니
굶지는 않겠지;;

군졸이라도 나름
나랏밥 먹는 일인지라
노인이 될 때까지 말뚝 박고
녹을 타 먹는 이도 있고.

TO 날 때 가족 친지를, 심지어
어린애라도 밀어 넣어서
군졸직을 패밀리 비즈니스화
하기도 하지요.

이들 군졸은 서울 자택에서
도성 각지 근무처로 출퇴근하는
도시 샐러리맨이었고.

in 4대문은 집값이 비싸다 보니
용산, 이태원 등지에서
많이 살았고요.

도로 청소도 하고
청계천도 정비하고.
결국 주특기는
작업병.

군사 직무와 도성 경비 외에도
나라에서 뭔가 사람 쓸 일
있을 때마다 불려 나오는
만만한 인력이었습니다.

군대 안 가길
다행이네요.

큿;

月 ↓쌀 4말↑
녹봉 조회 사이트 크레딧 쌀

그리 빡세게
작업하는 군졸들의 급여는
관아 심부름꾼과
비슷한 수준.

아니, 그리 급여가 낮은 건
그만큼 근무 일수가 적기
때문이지. 무노동 무임금!
너네들, 1년에 반도
근무 안 하잖아!

조선 말기에는
병사들 월급 줄 예산이 부족해서
근무 일수를 대폭 줄여야 했습니다.

근무 외 시간에는
자기계발에 힘쓰라고.
ㅇㅋ, 그럼 근무 비번일 때는
돈 벌러 감. 미국 경찰들도
비번일 때 나이트 기도 일하고
그런다더라.

So, 서울의 군졸들은
근무 외 시간에 각종
노가다나 도시 근교 농업을
부업 삼아 생계를
꾸려나가야 했습니다.

도성 내 채소 소비량이
의외로 엄청나더라고.

도성 비즈니스계를 무대 삼아
상거래에도 활발히 나서고.

기한 지난 치장 물자
처리해야 하는데~
저희한테
맡겨주십쇼.
앗, 고무 바퀴,
미투리보다 싸다!

군졸들은 나름 공무원 파워와 조직력, 머릿수를 갖췄기 때문에 그들의 이익이 걸린 일이면 상당한 야료를 부릴 수 있었다고.

軍 나와바리에서
누가 감히 난전을
벌이느뇨?!
아오;
이게 군인이냐
조폭이냐;;

크어~ 조선은
문약하다~
문약해~!
이건 뭐,
예니체리
거지 에디션인가;;

그렇게 훈련도감 군졸들은 서울 서민 세계에서 가장 위세 등등한 카르텔을 형성하고 도성의 밑바닥을 주름잡고 있던 것.

대원군 집권 시기에는 쇄국과 양요로
강력한 군사력 증강 정책이 추진되는데.

선군정치!
강화도 방위 사령부 진무영 증강!
병력, 무관 TO 확충!!

대원위 합하
만세!!

군인들에게는 간만에
인사 황금기 도래!

실력 위주 군 인재 등용책으로
정말로 무력 수치 높은 인재들이
무과에 합격하고 또 특채됩니다.

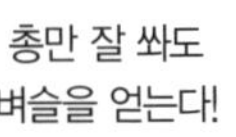
총만 잘 쏴도
벼슬을 얻는다!

뭐, 그래 봤자 결국
신미양요 대참사
엔딩이지만…

그런 대원군의 선군정치로
군부에는 확연한
친흥 정서가 자리 잡았고.
대원위 합하의
영도력하에 군심 단결!
제국주의
양귀 격멸!
Hng
저 군바리
놈들이…
이는 고종의 마음을
불편하게 했으니.

이 불효
막시무스가!!

1873년 말,
대원군이 실각하고

1874년,
친정을 시작한 고종은 즉각
군 장악 플랜을 전개.

궁궐 경비 병력인
숙위군 800여 명을
무위소로 개편해
국왕 친위대로 삼고.
무위소
궁궐 병력은 저
친흥파 군맥과는
결이 다르지.
좀 배운 놈들이야.

양귀 막는 데 완전 무쓸모인
군대에 낭비할 돈 없다!

이어서 진무영을 폐지하는 등
대원군이 늘려놓은 군 전력을
감축하며 친흥파 군인들을
대거 날려버린다.

TO

으어; 주상께서
군혐하신다;;

이건 다 민씨 놈들이
정권을 차지하기 위해
벌인 수작 때문이다.
이 과정에서 쫓겨난 친흥파 무관들
일부가 원한을 품고 벌인 거사가
바로 민승호 폭탄 테러 사건.
쿠궁
최신식으로
보내주마.

1881년에는 드디어
5군영을 폐지하고
무위영과 장어영 2영
체제로 중앙군 개편.

내 친위대인 무위소와
5군영의 중핵인 훈련도감을
합쳐서 강력한 제1군—
무위영 건립!

무위영

장어영

무위소

훈련도감

금위영

어영청

총융청

기타 등등을
모아서 장어영을 만들고
수도권 외곽 방위를
맡긴다.

제1중앙군이자
최고 국방위원회인 것.

무위도통사에는 민겸호 등
권력 핵심 인사가 임명되고,
치안과 군 재정 총괄 등 온갖
권력이 무위영으로
집중된다.

내부적으로는 무위소 출신 인원들(소수)이
훈련도감 출신 인원들(다수)보다
당연히 더 우대받고 주류였지요.

별기군도 이
무위영 산하의
교도 부대였다.
이 별기군을
Model Army로
군 전체의 맹아
삼을 것.

뭐, 결국 이렇게 군제 개편으로
아버지 색깔을 지우고
군을 장악하는
데 성공한 거지요~ㅎ

하지만 舊훈련도감 군졸들의 불만은 계속 부글거리고 있었다.

$%#@
역사와 전통의 훈련도감을
이딴 식으로 무근본 통폐합하며
훈련도감 병사들을 능멸하다니!
이 비굴한 정권은
우리 군사들과 원수진
왜놈, 양귀들에게
굽실거리기나 하고!
대원위 합하
시절이 좋았지!

뭐 이런 정치적, 조직 문화적 불만들은 일단 다 차치하고,

1882년 7월 현재—

뭣보다 월급이
안 나오고 있잖아!!!
임금 체불 13개월
실화냐!?

훈련도감 병사들은 이제 그냥 다 대놓고 굶어 죽으란 게로구나!!!
저 임금 체불 사태는 결국 조정의 재정난이 가장 큰 이유였지요.

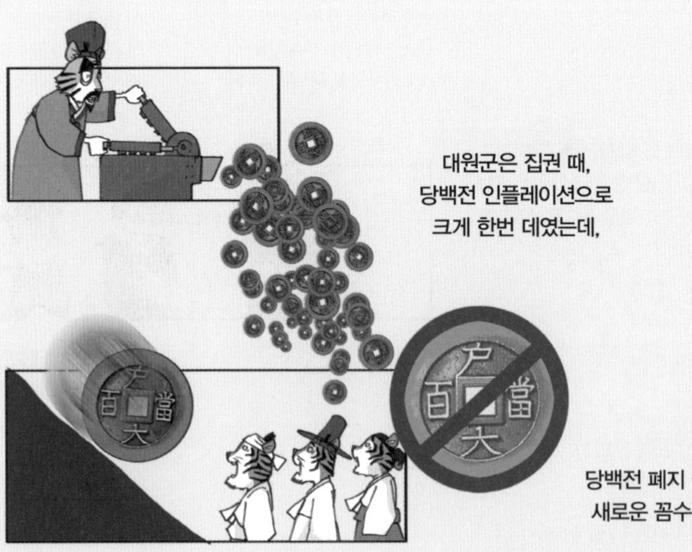
대원군은 집권 때, 당백전 인플레이션으로 크게 한번 데였는데,
당백전 폐지 이후에는 새로운 꼼수를 모색.

구리 30kg을 구리 30kg이랑 교환하자고요?; 왜요??;;
아, 글쎄 알 거 없고 빨리 환전이나 해주쇼.
淸錢
청나라에서 청나라 동전 '청전'을 수입해 온다.

상평통보 1문(구리 25g)을

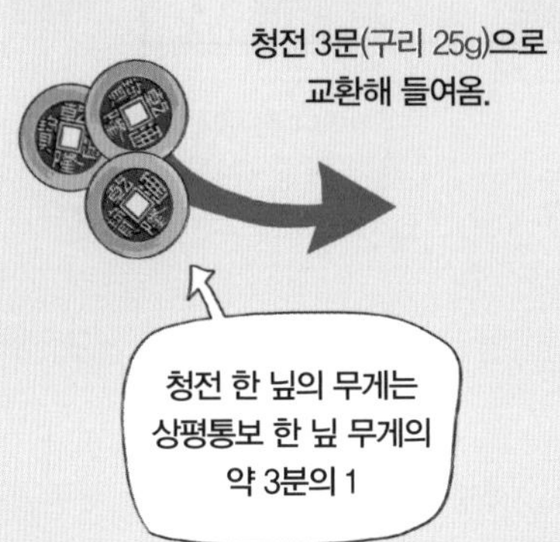
청전 3문(구리 25g)으로
교환해 들여옴.
청전 한 닢의 무게는
상평통보 한 닢 무게의
약 3분의 1

그리고 청전 1문도 1문이니까,
상평통보 1문으로 지출하던 걸
청전 1문으로 지출한다!!
예???!!??
그리고 상평통보를 몽땅 다
청전으로 바꾸면 단번에
보유 현찰 3배로 뻥튀기!!!
Uhm;;;;

대원군 정권의 이 청전 코인 물타기로
국내 물가 인플레이션 지속.

1냥 받기로 했지?
조달
아니; 청전이면
2냥 주셔야죠;;

상평통보 유통량 1,000만 냥에
청전 유통량 400만 냥이 더해져
인플레이션이 지속되고.

당백전의 교훈은
어디로?!

청전 폐지 상소가 빗발쳤다.

저 조잡한 중국 동전을
당장 녹여 없애소서!!
CO
CHINA
IN
China Coin Out!
축약→ Chin Co Out!

이에 1874년 고종은
친정을 시작하자마자
바로 청전 폐지를 명령.

청전 사용을 금지하고
국고의 청전을 모두
녹이도록 하라!

예??!??!

Ho!
JO

이 갑작스러운 청전 혁파령에 따라
조정이 보유한 청전을 모두 녹여
3배 더 무거운 상평통보로
다시 주조하니-

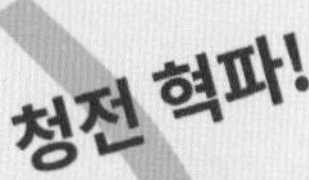

어;; 이렇게
되는 건가?;;

청전으로 채워져 있던 조정의
현찰 보유 액수가 단방에
3분의 1로 줄어듦.

청전 폐지로 통화량 축소와 함께
사람들이 가격이 상승하는 상평통보를
다 금고에 쟁여둠에 따라
극심한 전황 발생.

시중에 돈이 씨가 말라
경제가 마비됨;;

그렇게 갑자기 재정의 66%가
증발했으니 군졸들 월급이 제대로 나가겠나.
대신들 녹봉도 제대로 안 나갔는데…

아니, 그건 1874년이고,
지금은 1882년이니 대충
극복되었어야 하지 않나요?
무리, 무리.

70년대 말과 80년대 초의
전 세계적인 흉년 플로우 속에
조선에서도 흉년이 계속되고.

쌀 싣고 올라오는 조운선들 운항도
파행이 계속되는지라…
파워 침몰!

근데, 사실 저렇게 어쩔 수 없는
재정 위기나 천재지변만으로
월급이 안 나오는 게 아니잖아?

썩어빠진 민씨 척족 세도 정치가
매관매직으로 나라를
털어먹고 있다는 게 사실
제일 중요한 부분 아니냐고?!!
지방직 수령 감투 36개월 할부 판매!
세금 삥땅으로 할부 자금을 마련하세요!!

군졸들이 친흥파로서도,
백성 된 입장에서도 민씨 정권을
혐오할 수밖에 없다고요.

그 와중에 별기군 인원들이
군졸들보다 3배 더 많은 봉급을
꼬박꼬박 타가는 꼬라지는 참으로…
우린 400명밖에
안 되는 엘리트잖아~

사실 임금 체불은 늘상
있던 일이고, 부업이 있으니
굶어 죽지야 않겠지만…
뭔가 여러모로
꼬운 부분이 많은데?

무위영 체제도
X같고…

뭐, 일단
간만에 조운선이 올라와서
한 달치 급료가 나온다니
받으러 가보자고!!

그래, 사람 마음 푸는 데는
탄수화물이 최고지요.
으어! 쌀밥이다!!
밥솥째로 다
조져불거~

두구두구두구두구
13개월 만의
쌀 포대 언박싱!
뭐 바구미 몇 마리
정도는 봐준다~ㅎ
조정미

조정미

제 1 2 장

임오군란

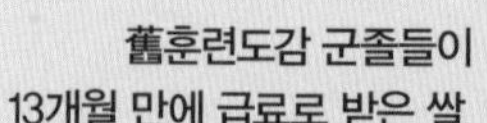
舊훈련도감 군졸들이
13개월 만에 급료로 받은 쌀.

싸아아아알

3분의 1은 겨!
3분의 1은 모래!
3분의 1은 썩은 쌀!
배합비 참
정성껏도 맞췄네!!!

이런 똥 쌀
처사를 봤나!

장난치지 말고
제대로 된 쌀
내놔!!

조운선이 아니라
짬 처리 배가
잘못 온 거 아녀?!

너네가 쌀
빼돌렸냐?!

빼돌리긴 뭘 빼돌려!
조운선에서 내린 쌀 그대로
배급하는 건데!

당시 지방에서
서울로 세곡미를 올려보낼 때
창고에서 제일 오래된
분량부터 밀어내곤 했고.
오래된 쌀로는
떡 지어 먹으면 되잖아?
겨나 모래 등으로
물타기 하는 건
관행이죠, 관행.

그리 빼돌린 쌀은 결국
뇌물 경제를 굴리는 자금行.

ㅎㅎ;; 결국 제대로 된 쌀이
서울로 올라오긴 왔군요~ㅎ

이거 가만 보니 결국 세곡 엉터리로
올려보낸 거 군사들에게 바로 뿌려 흩어서
장부 세탁하려는 속셈이구먼?!!
어쩐지 조운선이 오자마자 급하게
월급으로 푼다 했더니만!!
그딴 음모론 망상으로
뇌를 빻지 말고 쌀을 빻아.
떡이라도 처먹으라고.

1882년 7월 19일,
도봉소에서 선혜청 창고지기와
군관이 군졸들에게
집단 구타당하는 사건 발생.

떡은 네가 오늘
떡이 된다!!

퍽퍽 떡떡

으어얽; 내가
뉘집 하인인
줄 알고!!

응 알아.
민씨네 똥꼬 주름
껴붙거리잖아.

아이고 대감 마님~
훈련도감 군졸들이 폭거로
관을 능멸하고 민씨를 우롱함이
이와 같습니다~
민겸호 저택
쌀도 다 쏟아
버리고 가더이다;;
크흠, 훈련도감 놈들의
시건방은 눈여겨본 지 오래다.
병조판서-선혜청 당상
국왕의 외삼촌 민겸호

놈들은 길에서
양반을 마주칠 경우

충성~!

무반이면 고개
숙여 인사하지만

문반이면 눈을 치켜뜨고
쌩까며 지나간다지!

· · · · ·

이 군사인지 조폭인지 구분도
안 가는 舊훈련도감 놈들,
버르장머리를 좀
손봐줄 때도 되었지!!
난동의 주범들을 당장
잡아들여라!!!

도봉소 난동 사건의
주모자 4명이 체포되어 투옥.

어휴, 민 대감이 이 친구들 장살해서 본보기를 보일 참이라더만.
에엑?!

임금 체불에 썩은 쌀 짬 처리도 억울한데!!

사법살인 음모 웬 말이냐!!

군 생존권 보장!

동지들을 석방하라!!

이에 군졸들은
사발통문 서명 운동을
벌이며 항의 시위.

거, 소란 떠는 군졸 놈들은 갑사 동원해 밀어버리죠?!
저것들 머릿수가 4천이 넘는데 갑사 기백 명으로 뭘 밀어요;;
…월급 13개월 밀리고도 총구 거꾸로 안 돌린 것만 해도 착하다고 해야 할까나요;;
게르만 용병대였으면 벌써 사코 디 한양 찍었겠지요.

뭐, 민 대감이 알아서
잘하겠지…

그렇게 1882년 7월 23일을
맞이하게 되고.

무위대장 이경하 대감에게 어떻게 해결해 달라고 부탁하자!
대원군 라인이었던 무인이니 우리 뜻을 잘 헤아려 주실 게야.

으음;; 민 대감에게 탄원서
써주겠네. 일이 심하게
되진 않을 것이야…

이경하는 민겸호 앞으로
탄원서를 한 장 써서
군졸들에게 주고.

음, 이건 좀 약한데…

군졸들이
탄원서를 들고
몰려가자,

이리 오너라!!
으어; 대감 마님
집에 안 계신다!!
아, 일단 문이나
좀 열어보라고!!
민겸호 저택 사람들은
겁을 먹고 모두 도주.

크앗!!!
문! 부순다!!!
쿠지끈

군졸들은
대문을 부수고
저택으로 진입.

왠지 꼴받아서
창고를 부수고
재물들을 다 꺼내 저택과
함께 태워버린다.
…너무
급전개인데?

시맛타~
저질러 버렸네~;;
이제 어쩌지?;;
이제 진짜로 민겸호를
이길 수 있는 거물한테
매달릴 수밖에…

군졸들은 운현궁으로 몰려가
흥선대원군에게 지도를 청한다.

저희 군졸들은 언제나
대원위 합하를 지지해
왔습죠~
큼~
이제 어떻게
해야 할는지요?
천시가 이렇게 또
움직이나…

너희가 살길은 이제 이 사태를
임금 체불 난동이 아니라
위정척사의 의거로 진행하는 것이다!

그 의거로 너희도 살고
이 나라도 구하는 것이다!!

자! 의군들은 이제
올바름을 지키고
삿됨을 쳐부수도록 하라!!
오오!! 역시
대원위 합하!!
합하다, 합해!
하파!
하파!

대원군을 뒷배로 두게 된 군졸들은 이제
어떤 거리낌도 없이 본격적으로 행동 개시.

포도청을 습격해 갇혀 있던 군졸들과 위정척사파 정치범들을 해방.

파옥!!
후!!
쿨척?
으에! 바스티유
습격이다!!

경기감영과 무기고를 털어 무장한 난병들이 서울 거리로 쏟아져 나오고.

간신배들을
모두 죽여라!!
오오!!
양귀, 왜놈들을
몰아내자!!

다른 군사들, 군관들도 슬금슬금 난병에 합세.

대원군이 나섰다면
당연히 대세는…
간신배 놈들
다 털어버리자!
우린
다 같은
군바리죠~ㅎ

도성의 하류층 백성도 기회를 놓칠세라
모조리 몰려나와 난병에 합세.

이들에게
민씨 척족과 고관들의 저택이
모조리 불타며 약탈이 진행된다.

서울에서
지방 민란보다
더 심한 뭔가가
터질 줄은 예상
못 했겠지!!
끄아악!!
레볼루숑?!

난병들의 별기군 병영 습격에 별기군은 모두 도주.

어휴~ 우린 사실
원수진 거 없잖아요?!
도시테?!?
아무튼 왜놈은
죽여야지!!

교관
호리모토 레이조 소위는
난병에 맞서다 피살.

기세는 곧 서대문 밖 일본 공사관을 향하고.

와아아아

공사님!! 조선 측에서
군 소요가 터졌으니 얼른
대피하라고 연락이 왔습니다!!
하나부사 공사
음? 아니, 우리가
딱히 해코지당할
일이 뭐 있나?

운요호 사건의
복수다!!
탕
우와아악!!

크읔;; 공사관
경비 좀
강화할걸;;
투탕 투당
타다당
JAPS
OUT!

그날 저녁,
일본 공사관을 습격한 군민에 맞서
서른 남짓의 일본 공사관 인원은
리볼버와 세이버로 밤 늦게까지
방어전을 펼치고.

으아아;; 1호선 인천행이
필요하다;;

대여섯 명의 사망자를 낸
일본 공사관 측은
밤 늦게 탈출해
인천으로 도주한다.

도성 내에는 이미
관군이랄 병력이 없는지라
장어영 부대를 빨리
불러들이심이;
으어;
어으어;;
민겸호 등의
척신 고관들은
창덕궁으로 피신해
밤을 지새우고.
아니,
도성 밖 병력들도
이미 다 난병화
되었다는대요;

다음 날
7월 24일.

호다다닥

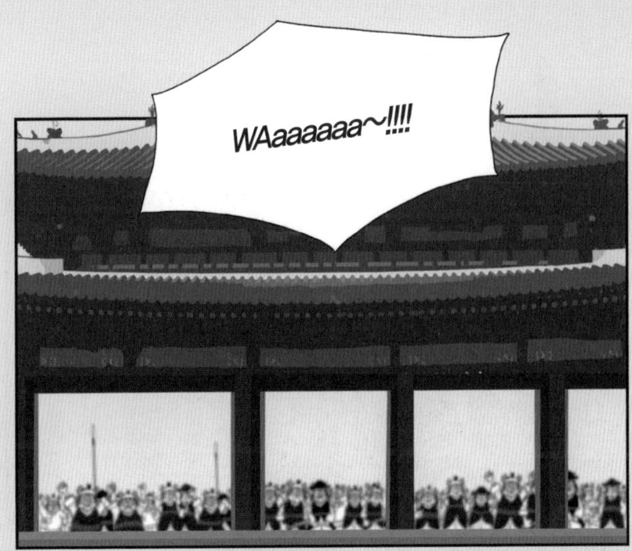
WAaaaaaa~!!!!

창덕궁으로 난병 진입.

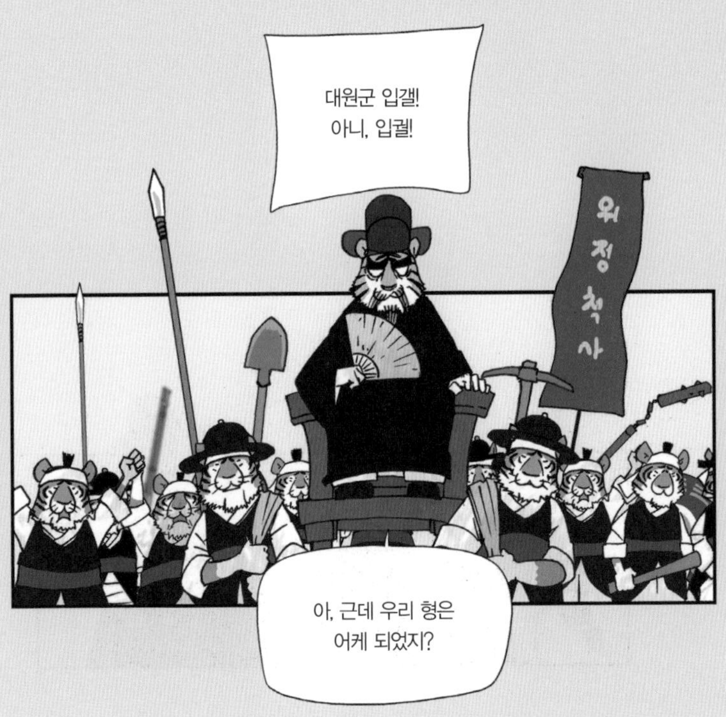
대원군 입갤!
아니, 입궐!
아, 근데 우리 형은
어케 되었지?

흥인군은 이미 궐 밖에서 피살되었고

궐내로 진입한 난병들은 민씨 척족과
그 라인 대신들을 찾아내 마구 도륙한다.

우와아아~!
민겸호
잡았다!!!
으어;;
뭔가 오해가~!;;

아이고!! 대원위 합하!!!
매형!!! 살려주십시오!!

허, 내가 어떻게 대감을 살릴 수 있겠소~ I can't~;;

민씨 척족 수장 민겸호 끔살.
끄아아아악!!
후; 마누라한테 뭐라고 말하지;;

주상~!
이제 아비가 주상을
보필할 터이니 안심하세요!
이리 개판을 만든
간신 역적 놈들은 모두
처단되었소이다!!

…와주셔서
감사합니다.
아버지…

그리 섣불리 굴린다고 굴려본
나라가 이 꼬라지가 났으니
얼마나 상심이 크시겠사옵니까~
이제 10년 전 좋았던 시절로
나라를 롤백해 그간의 과오를
다 덮도록 하십시다~ㅎ

제 1 3 장

Race to Incheon

미욱한 아들래미가
개판 쳐놓은 지난 9년을
완전히 부정하고 모든 걸
친정 이전으로 되돌린다!

무위영 폐지!
중앙군은 5군영 체제로 회귀!

통리기무아문 폐지!
삼군부 복구!!

인사는 기존
명망가들을 유임시키면서
요직에 친흥파, 남인 위정척사파
인사들을 등용.

뭣보다 큰아들
이재면을 훈련대장 겸
호조판서에 앉혀
군과 재정을 모두 장악.

이제는 진짜 제대로
직접 컨트롤해야겠어.

아니, 근데 그런 것들보다
중전 마마 문제를 어떻게든
해결해 주십시오.
그 여자가 살아 있으면
결국 나중에 우리 다
해코지당할 텐데요.
흐음… 과연…
그 문제의 해결책은…

중전 마마는 이번 사태 와중에
돌아가셨느니라~
이에 국장을 거행토록 한다~
오오!!
독약 먹고
자결했다지!
ㅇㅇ,
내가 봄.
크읏;;

실제로는 난 중에
난병으로 궁에 들어왔던 별감 홍계훈이
중전을 업어 탈출시켰고.

이거, 궁에서 일하는 내 여동생 데려가는 거야.

그리 서울을 빠져나온 중전은
충주 민응식의 집에
짱박혀 숨어 지내고 있다.

중전 마마 서거, 국상 발표
저 미친 시애비가… ㅂㄷㅂㄷ

중전 마마 시신을 찾지 못해 대신 그 옷을 관에 넣어서 국상을 치릅니다.
뭐, 국정은 대충 이렇게 수습되어 가는 게지.
부제학 김홍집
수습은 개뿔;; 지금 그런 게 문제가 아니라 곧 일본 놈들이 분기탱천해서 쳐들어올 텐데요.

아, 일본 공사가
살아서 도망갔던가.
쳇, 다 잡아 죽였으면
전염병으로 전멸했다고
구라칠 수 있었을 텐데.

7월 23일 밤,
인천으로 도주한
하나부사 공사 일행.

인천도호부 관아에서
공사 일행에게 숙소와
새 옷가지를 내어줌.

어이구; 이게
뭔 일이래요;;
서울에서
좀비 사태가
터졌어요!!

인천부사 정지용

그러나 7월 24일 저녁,
인천의 군사들까지 군란에 합세.

왜놈들
잡아 죽여라!!
허거덕;;
적은
객사에 있다!!

다시 다섯 명의
사망자를 내며
공사 일행은
월미도로 도주.

일단 조각배 훔쳐 타고 바다로!!
임오군란으로 결국 총합 13명의 일본인이 살해당함;;

그리고 7월 25일, 남양만에서 영국 측량선
플라잉 피시호에 구조.

헐킈?
SOS!!!
SOD!!!

플라잉 피시호를 타고
7월 29일, 나가사키에 도착.

임오군란
발발!!!
이모 곤란?

바로 도쿄에 전보를 쳐서
임오군란이 외부 세계에 알려지게 된다.

일본 정부는
발칵 뒤집히고.

당장 쳐들어가서
서울을 점령하고 주범들을
처단해야!!
ㄴㄴ, 섣부른
군사 행동은 조선에서
청과의 예기치 않은
충돌을 낳을 수 있음.
그리고 근간 재정 위기라서
대규모 군사 행동은
좀 무리예요;;

한 손에는 총,
한 손에는 청구서.
청구서
복수의
시간이다!

So, 일단 무력을 동반해
조선에 사죄와 배상+a를
요구하고 불응 시 바로
군사 행동에 나서기로 결정.

이를 위해 하나부사를 다시
전권공사로 조선에 파견키로.

정부의 대응과는 상관없이,
신문 보도로 소식을 접한
일본 국내 여론은
조선 징벌론으로 끓어오르고.

우리 인원 13명이
도륙당한 걸 그냥 넘기면
이건 나라도 아니다!!!
서울 불바다로
갚아줘라!!
이번 정한론은
예전의 사족들 정한론과는 달리
일반 대중 여론의 정한론이지요!

후쿠자와 유키치는 군사 행동을
촉구하는 신문 칼럼들을 마구
써 갈기며 조선 정벌론을 주도.

이번 사태에서
유럽 열강의 대응을 본받아
군대를 보내고 이어서
문명 지도 체제를 강제로
구축해야 할 것!!

한편, 차관 도입
타진을 위한 사절로 일본에
와 있던 김옥균과 서광범.

조선 폭동, 쿠데타로 정권 교체
대원군의 수구 쿠데타라는
최악의 시나리오가 현실로!!!
김옥균
서광범

이 일본행에서 김옥균은 후쿠자와 유키치와 만나 죽이 맞아 의기투합했기에.

동양의 야만을 벗고 함께 문명 개화해야죠!
부디 이끌어 주시길!

일본에 와 있던 조선인들– 개화당 사람들은 후쿠자와 유키치와 같은 결의 목소리를 낸다.

일본군이 서울로 들어와서 수구파를 몰아내고 우리 주상의 권력을 회복시켜 주시길!
문명 개화의 길로 함께 이끌어 주시길!
유학생 유길준
윤치호

그리고 김옥균은 하나부사와 함께 메이지 마루호에 승선해 조선으로 향하게 된다.

가서 서울에서 일이 어케 돌아가는지 바로 알아봐 주시길.
사실 내리자마자 목이 날아갈지도 몰라요.

한편 8월 1일, 일본 외무성은 주일 청 공사관에 임오군란 관련 정보 공유.

예? 이모 곤란?

주일 청 공사 여서창

이는 즉각 나가사키-상하이 간 해저 전신을 통해 중국 본국으로 전달되고,

마침 그 무렵 이홍장은 모친상을 당해 휴직하고 고향에 내려가 있었기에-

3년상은 못 치러도
적어도 3개월은
쉬게 해주쇼.

북양대신 대리 장수성이 관련 업무를 모두 주관하게 된다.

조선에서 뭔 아포칼립스급 사건이 터졌나 본데, 중국에 와 있는 조선 사신들 좀 불러와 봐. 뭔 내막이 있는지 들어보자.

북양대신 대리 장수성

영선사와 문의관으로
중국에 주재 중이던
김윤식과 어윤중도
이 소식에 경악.

조선 폭동, 쿠데타로 정권 교체
대원군의 수구 쿠데타라는 최악의 시나리오가 현실로!!!

조선 사신들은
사태의 성격을
중국 측에 설명.

대원군이 몇 차례나 쿠데타 음모를 꾸미다가 결국 이번에 가장 최악의 형태로 성공시킨 겁니다!!
이대로 두면 공사관이 털린 일본이 조선에 출병해 서울을 점령할 수 있으니 청군이 먼저 움직여서 견제해야 합죠!!

-라고 하니까, 아무래도 군대를 조선 쪽으로 좀 움직여야 할 것 같습니다만.
ㅇㅋ, 그리 알아서 하도록.

조정의 승인도
떨어지고.

이 무렵이면
국제 업무 제반의
정책 수립, 지휘는
북양대신아문에서
맡고 있었다.

이에 정여창이 이끄는 3척의 북양수사 소속
함선들이 조선으로 향하게 된다.
군사 지휘는
무관인
정여창이.
사태 전반에 대한
정무 지휘는 문관인
마건충이.

어윤중도 마건충과 함께
함선 초용호에 탑승해
조선으로 향한다.
가서 서울에서
일이 어케 돌아가는지
바로 알아봐 주시길.

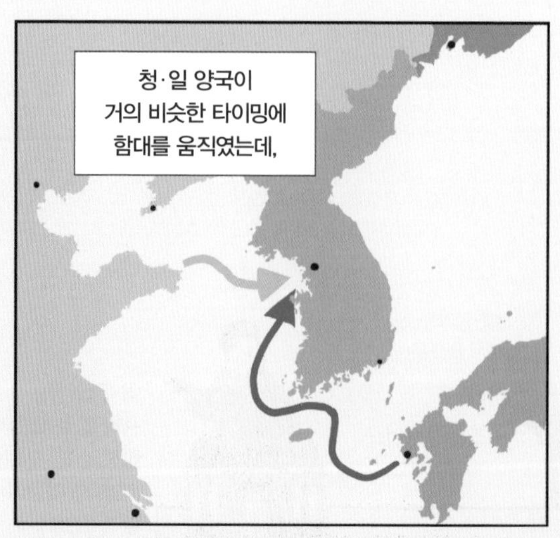
청·일 양국이
거의 비슷한 타이밍에
함대를 움직였는데,

8월 9일, 일본의 코르벳 공고호가
선발 정찰대로 가장 먼저 인천에 입항.

1빠!

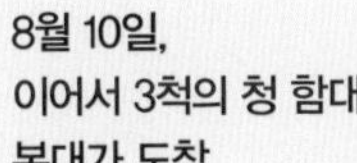
8월 10일,
이어서 3척의 청 함대
본대가 도착.

오, 왜놈들,
왜이루~!
....

중전 마마가
죽었다고?

8월 11일, 어윤중은 화도진에
내려서 지역 관리들을 상대로
사태에 대해 탐문 조사 시작.

아니, 그게 실제로
관에 든 건 옷이고,
중전은 아마 여우로
변신해 빠져나간 게 아닐까
-라는 설이…

8월 13일, 일본 함대가 인천에 집결.
군함 4척과 수송선 3척,
지상 병력 1,500명의 만만찮은 군세.

헐; 저것들은 지상군 병력까지 끌고 왔네;;
우리도 지상군 병력 빨리 좀 보내주세요;;

그리고 일본 함대와 함께 온 김옥균이
인천에서 어윤중과 만남을 갖는다.

어 형~! 어이루~!
옥규이!

같은 개화파 동문 친구 사이.

근데 어 형, 이리 청군을 끌고 온 건 좀 아니지 않소이까?
아니, 일본군 끌고 온 사람이 할 소리는 아닌 듯;
아니, 일본군은 공사관 털린 거 때문에 어차피 무조건 오게 되어 있던 거고요.

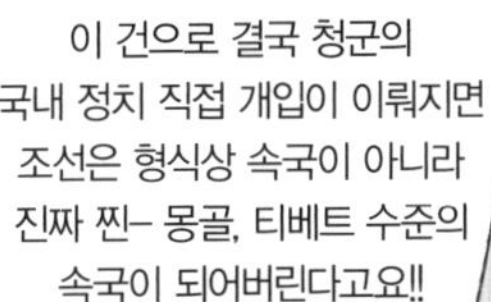

이 건으로 결국 청군의 국내 정치 직접 개입이 이뤄지면 조선은 형식상 속국이 아니라 진짜 찐- 몽골, 티베트 수준의 속국이 되어버린다고요!!
아니, 그러면 일본군에 서울이 점령되는 꼬라지는 그림이 좋아 보이는가?! 엄청난 전란의 참화가 야기될 터인데?!
하, 대세는 이제 일본이 문명! 중국은 야만! 서울에 외국군을 들인다면 그나마 문명국 군대를 들여압죠!
아니, 뭔 일뽕이 이리 세게 박혔어?!

하; 답 없는 반 천 년 사대주의자들;
원래 좀 이상한 인간인 줄은 알고 있었지…

이후 개화파는
친일 라인과 친청 라인으로
결정적으로 분화.

Meanwhile,
청은 정여창의
일본군 견제 병력 요청에 따라
오장경이 지휘하는 3천 명의
지상 병력을 조선으로 증파.

김윤식이 동행.
제독 오장경

조선으로 향하는 배 안에서 김윤식은

으허허허헣~
경찰청 철창살은 외철창살이고 검찰청 철창살은 쌍철창살이다!

오장경 휘하의 젊은 군관과
친분을 쌓는다.

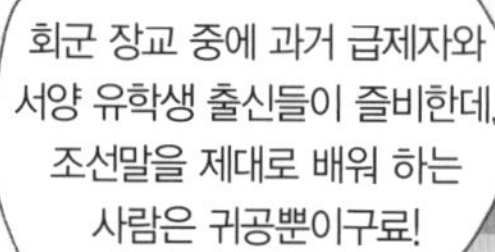

회군 장교 중에 과거 급제자와 서양 유학생 출신들이 즐비한데, 조선말을 제대로 배워 하는 사람은 귀공뿐이구료!

그것들 다 샌님일 뿐이죠~ㅎㅎ

공은 무학력 백수면서도 이리 센스와 식견이 뛰어나니, 뱃속에 무엇을 그리 크게 품었는지 궁금하군요.
뱃속에 하늘을 품었다면 어떨까요~ㅎ

胃 안 Sky~

원세개(23세)

제 1 4 장

Taken

1882년 8월 19일,

청 증원 병력과 함께 돌아온 김윤식이 고종 알현.

아이고, 즈어어언하~~
중전 마마께서 그리 돌아가시다니
이 망극함을 어이하겠습니까아아~
야; 근데 사실 중전의 생사는
슈뢰딩거의 고양이 상태랄까…

뭐, 아무튼 중국 측에서는 이 사태를
근본적으로 해결하기 위해 좀 세게
움직일 의향을 품고 있습니다.
'근본적 해결'이라면
역시 노친네를…
ㅇㅇ.

이 시점에서 김윤식은 청군의 솔루션에 대한 고종의 암묵적 재가를 얻었다고 여겨진다.

8월 20일,

하나부사 공사가
호위 병력과 함께 입경.
하, 저 셰퀴
용케 안 죽었네;

하나부사 공사 타카시 마토모노스케 소장

하나부사 공사, 무사한 모습을 보니 다행이구료~ㅎ;;
동료 13명이 죽어 나가는 와중에 저만 질긴 목숨 부지해 부끄러울 따름입니다.
이제 사죄와 배상을 논할 시간이겠죠?

앞으로 공사관 경비 병력 주둔은 물론이고 피해자 유족과 일본 정부에 대한 배상금에 더해 울릉도나 거제도 할양까지도 생각하고 있으셔야 할 것.
하;;;

뭐?? 왜놈들한테 사죄와 배상?! 영토 할양?!? 뭔 개소리고?!
양귀 왜놈들 얼른 싹 다 몰아내지 않고 뭐함?!

내 지지 기반이 지금 위정척사파와 백성의 배외감정인데, 이를 거스르고 왜놈들한테 고개 숙일 수는 없고.

그렇다고
왜놈들이랑 한판 붙자니,
광속으로 처발리고 종묘사직
잿더미行이 명약관화;;
병인·신미양요
같은 간보기가
아니야;;

그리 고민하는 와중에

8월 21일,

청군 증원 병력 3천이
인천의 일본군을
피해 남양만으로 상륙.

서울
화성
남양만
그거 아세요?
화성은 사실 화성시에 없고
수원시에 있다는 거.

저 청군의 내한은
일본군 견제가
제1목적이렸다.

이지메, 멈춰!
그렇다면…

청군이 일본군 견제해 줄 테니
그거 믿고 일단 좀
삐팅겨 봐도 될 듯~
ㄴㄴㄴㄴㄴㄴ!!
그건 잘못된 시각.

자, 일단 누가 대립 구도이고
누가 누구 편인지
피아식별을 확실히 해봅시다.
일단 이 부자지간은
대립 관계지요?
고종
대원군

대원위 합하가 주상 전하를
발라버리니까, 전하를 도와주러
청군이 왔습니다.
같은 편
Meamwhile, 이쪽에는
배상금 받으러 일본군이
와 있습니다.
청군과 일본군도
대립 관계지요.

그렇다면 결국 이렇게 팀이
정리되는 게 자연스럽지 않겠습니까?
같은 편
같은 편
즉, 일본군과 우리 친일 개화당과 대원위 합하가
같은 편을 먹을 수 있다는 거!

–라는 구상이였는지 뭐였는지 아무튼 김옥균은 이때 대원군에게 접근을 꾀하는 밀서를 보내기도.

합하, 합하,
개방은 시대의 흐름입죠.
저 영국 유학 가려는데
허가 좀.

물론 대원군은 무반응 읽씹.

읽씹은 무슨,
읽지도 않았음.

오히려 대원군은 청군의 서울 입성을 재촉한다.

자, 일본군 견제해 주실
천조의 장령 여러분!
얼른 서울로 들어와 주십시오!!
어휴, 그러면
사양하지 않고~

대원군을 축출한다 치고,
그 신병은
어떻게 처리할지?
가택 연금? 백담사行?
그 정도로는
폭탄 제거 완료라고
할 수 없지요.
이세계로
보내버려야.

물론 이 시점에서 청군은 대원군 축출을 사태 해결의 기본 목표로 정해놓고 있었고,

조선 정계에 더는 불안 요소가
되지 않도록 합하를 좀 멀리 모셔주십사-
하는 바람을 저희 주상께서도
가지고 계시지요…
-라는 말인즉슨…

재밌네. 진행해 봐.

이 대원군 처리안은
청 본국의 재가도 얻었고,

사실 청일 양국이 조선에서
굳이 기싸움 할 필요가
전혀 없는 문제예요.
조선의 이 반동
쿠데타는 우리가
정리해 드리겠습니다.
……

8월 24일,

마건충과
하나부사 회견.

그리 조선 정국이 정리되면
일본이 조선에 요구하는
사죄와 배상이 충실히
이행될 것. 그건 약조하리다.
……
단, 울릉도나 거제도 등의
영토 할양 요구는 그만두시지요.
그런 거점화 진행은 다른 열강의
나도 한입만 개입을 부르게 될 겁니다.

음, 애초의 對조선 요구 사항이
대충 다 이뤄진다면
굳이 일을 크게 만들 필요 없지.
ㅇㅇ, 준비도 안 된 상태에서
괜히 중국에 경쟁 의식 내세울
필요 전혀 없음.

ㅇㅋ, 중국 측의 조선 사태
처리 방안에 대해 일본은
익스큐즈하리이다.

양측 간 합의가 이뤄지며
일본 측 병력은 살짝 빠진다.

8월 25일,

남양만에서
행군해 온 청군 3천이
서울 입성.

동묘(동관왕묘)를
사령부로 삼는다.
오오, 조선에도 관왕묘가!
조선 사람들도
관우 알아요? 관우?!
명나라와의 은의를
기리는 관왕묘지.

8월 26일 오전,

오장경과 마건충이
운현궁을 방문해
대원군 예방.

국부 대인을
뵙습니다~
원, 천조의 대신들께서
이리 먼 길 와주셔서
감사합니다~
혹, 저희 주둔지에서의
저녁 연회에 왕림해
주실 수 있으시온지요?
아, 물론 가야죠!

8월 26일 오후,

대원군이
청군 주둔지 방문.

음~ 스멜~ 언제나 북경 오리 한번 맛보고 싶었지요.
아, 예, 앞으로 질리게 드시게 될 겁니다.
예?

아, 그리고 혹시 여권 챙겨 오셨나요?
예?
아, 뭐 여권 없으셔도 바로 단수 여권 나올 거고요.

혹시 지병이나 전염병 같은 거 없으시죠?
예?;;

대원군을 납치한 청병들은
바로 남양만으로 내달리고–

크악!! 그랑제꼴에서
국제 정치 이 따위로
하라고 가르치더냐?!

대원군은 다음 날
청 함선에 실려 톈진으로 압송된다.

으어; 결국
한 달 천하였나;;
ADIOS
아드님께서 효도 관광
보내주셨는갑네요~ㅎ

대원군 납치와 동시에 서울 도성 주요 거점들을 청군이 장악.

명동 간다해~
청군
계엄령?!

노친네 출국 완료?!
ㄱㄱㄱ!!!
난동 진압의 시간이다!!
친흥파로 입각했던 놈들
싹 다 유배 보내고!
난병들 뭉개버리고
주모자들 다 잡아들이도록!!

8월 29일,

왕십리 Attack!!
군졸 주거지 타격!
으어; 당나라 군대가
왜 저리 강하냐;;

난병들은 청군의 우월한 근대 무력 앞에 제대로 저항도 못 해보고 와해.

수백 명이 체포되고 군란 주모자 11명이 처형된다.

저놈, 저놈, 저놈이
앞에서 날뛰던 놈들임.

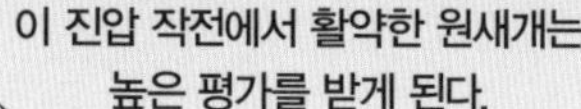
이 진압 작전에서 활약한 원세개는
높은 평가를 받게 된다.

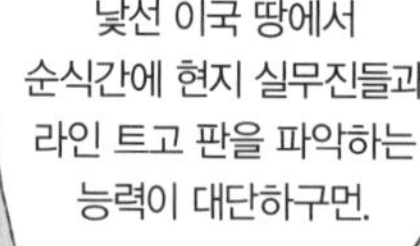
낯선 이국 땅에서
순식간에 현지 실무진들과
라인 트고 판을 파악하는
능력이 대단하구먼.

이 몸이 바로 대장군
위안스카이워커!
학력은 없지만 능수능란한
적응력 만렙 오만방자 인싸라니…
역대급 미디클로리언 수치군요.

8월 30일,

일본 측의 요구 조건을
모두 수락한
제물포조약 체결.

김홍집
유족과 일본 정부에 배상금 55만 엔,
거류지 확대,
공사관원의 내륙 여행 허가,
공사관 경비 병력 주둔 허용,
군란 주모자 처벌.

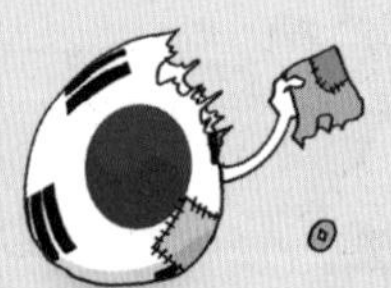
아니, 근데 저 배상금은
우리 조정 1년 예산의
3분의 1이거든요;;;
돈 없어;;

뭐, 그럼 채무로
전환해 드림.

9월 13일,

충주에 숨어 있던 중전이 서울로 귀경.

부활의 기적을
목도하라!!!
민렐루야!!

어윤중이 청병을 몰고 호위해 올라왔다.

후, 이걸로 이번 난리
대충 수습, 한 건 해결인가.
미친 노친네는
고려장, 아니
청국장이 답일세!
한 건 해결은 개뿔;;
군란으로 표출된 곱창난 민심이
외국군 개입으로 막창난 상태입니다만.
반성문 발표가 필요합니다.
제가 써드림.

임오군란 수습 후, 고종은 김윤식이 써준 반성문 발표.

일이 이 지경이 된 건 다 내 탓이오 내 탓이오 나의 큰 탓이오.
상감 마마 대국민 사과문 발표

경제, 인사, 공직 기강, 외교 등등의 실정 모두 다 내 부덕함 때문인 듯~ 데헷~;

반성하고 노력할 테니까! 으의?! 새로운 마음으로 함께 잘해보자!!

오, 조선 임금이
말빨 좀 치는데요?
저거 다 김윤식이
써준 거임…
일어나라!
조선!!
개혁 개방 세계화 천명

뭐, 앞으로 나라를 어떻게 굴리시려든 간에
이곳 이태원의 청군 3천이 대청 속국의
본분을 항상 깨우쳐 드리리다.
Hamilton Hotel
KEBAB

굽씨의 오만잡상

이태원이라는 지명의 유래를 살펴보면, 배나무가 많은 동네라 해 배나무 이梨자를 써서 이태원梨泰院으로 불리게 되었다고 합니다. 다른 설에 따르면 임진왜란 때 귀화한 왜군들이 이곳에 살았고, 그들을 이타인異他人으로 부른 데서 유래했다고도 하고, 야사에 따르면 왜군(또는 청군)의 씨로 태어난 아이들을 기르던 시설이 있었다고 해 이국의 태– 이태원異態園으로 불렸다는 이야기도 있습니다. 역사적으로 외국 군대와 얽혀 온 지역인지라 이런저런 이야기가 붙은 모양이지요. 임오군란 때 들어온 청군이 이곳에 주둔했고, 이어서 일본군이 용산에, 그다음에는 미군이.

이제 용산 주한미군 기지도 옮겨가면서 외국 군대와의 인연은 옅어진 모양새지만, 오늘날의 이태원은 그와는 상관없이 외국인들로 가득 찬 다문화 거리가 되어 있지요. 그 중심에 좌정한 해밀턴호텔이 이태원 거리를 굽어살핀 지도 어언 50여 년(1973년 개장). 호텔명의 유래에 대해서는 알려진 바가 없지만, 왠지 1960년대 중반 주한미군 사령관을 지낸 해밀턴 H. 호즈 장군과 연관 짓고 싶군요. 호즈 장군은 초기 헬기 운용 개념의 선구자로 그가 제시한 헬기 공정, 공격 헬기 개념은 이후 미 육군 헬기 교리의 기본 틀이 되었습니다. 인디언 부족 이름을 따 공격 헬기 이름을 붙인다는 전통도 이 양반이 시작했다지요. 뭐 그냥저냥 소소한 이야깃거리 늘리기입니다.

제 1 5 장

조청상민수륙무역장정

반성문에 이어 1882년 9월 16일,
개국 개화 의지를 천명한 고종.
작금 천하는 실로 춘추 열국 지세! 중국도 일본도 서양 각국과 수교하고 문물을 받아들이고 있다!
기독교는 안 받아들일 테니 안심하고 신문물을 받아들여 부국강병에 힘쓰자!

이를 위해 통리기무아문이
기무처로 닉변했다가 다시
국내 국정을 총괄하는
통리군국사무아문과
외교 통상을 총괄하는
통리교섭통상사무아문으로
재편된다.

전하 침전 바로 옆에서 24시간 기능하는 컨트롤 타워지.
기무치 아님.
기무처
김윤식
조영하
김홍집
어윤중

그 구성원들은 청나라로 치면 군기대신들로,
정6품따리인 김옥균 레벨에서는
올려다보기도 아득한 고관들.

……

뭐, 그리 열심히 개화 노력하는 건 좋은데,
일단 임오군란 진압 출동 비용을
정산해야겠지?

어;; 돈
없는데요;;;

돈이 아니라
관계 갱신으로
계산할 거임.

예??;;

이번 임오군란 개입을 계기로
구시대적인 책봉 조공 체제를
시대에 맞게
업그레이드하고자 합니다.

종래의 '속국' 조선은 중화 질서 역사상 보통 그래왔듯이 형식적인 속국으로 그 국사에 천조가 개입하는 일이 없었습니다.

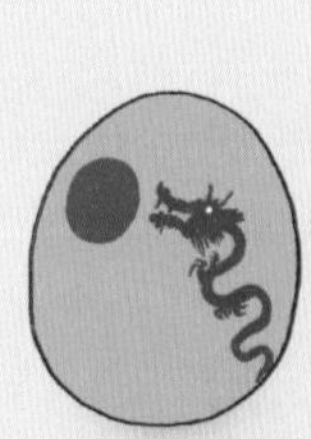
조선아, 천주교도들 그만 죽이고 서양 나라들과 화친하지 않으련?

아, 늬예~늬예~ 알아서 할게요~

저거, 중국 말 안 듣는 그냥 보통 외국이구먼.

서양 각국도 그리 인식했지요.

하지만 이제 그 형식을 실질적인 진짜 '속국'으로, 양놈들 국제질서하에서도 인정되는 근대적 '속국'으로 업그레이드할 타이밍이 온 것입니다.

착한 속국은 천조 말 잘 듣지요?
…예~;;

흐음~

양놈들이 오스만제국에 인정해 주었던 발칸의 속국들과 같은 법적 지위를 설정하는 걸로 정리 가능하겠지요.

옛날 원나라가 속국 고려의 충선왕, 충혜왕을 중국으로 압송했듯이 이번에 대원군을 중국으로 압송한 것이니,
실로 원나라가 고려에 가졌던 것만큼의 간섭권을 대청이 조선에 갖도록 이런저런 세팅을 진행하려 합니다.

그 세팅의 문서화가 바로
1882년 10월 4일 체결된
조청상민수륙무역장정.

중국이 속방을
우대하는 뜻에서
양국 관계에 좋은 방안들을
베풀어 드립니다~

우대한다는 건
우습게 대한다는 뜻일까요…

그 내용은 일단–

I
청의 북양대신과
조선의 국왕이 각각
신임장을 내린
상주 공사 교환.
잠깐, 그러면
과인이 재랑
동격인 거야?!

이에 따라
텐진에 조선 공사 격인
주진대원이 파견되고
서울에 중국 공사 격인
상무위원이 파견된다.
주진대원 남정철
상무위원 진수당

Ⅱ 그리고 대단히 일방적인 치외법권 설정.

조선에서 죄 지은
중국인 피고는
청나라 공관에서 재판.
뭐, 이건 흔히 아는
그 치외법권이지.

청나라에서 죄 지은
조선인 피고는
청나라 관아에서 재판.
뭐, 불평등조약이니
당연히 이것도 그러려니…

그리고 조선 개항장에서 중국인이 조선인에게
피해를 입을 경우, 그 조선인 피고에 대한 재판을
조선 측은 청 상무와 협의해
진행해야 한다.
자국 영토 내 자국민에
대한 재판권을 반쯤 넘겨준
치외법권 매운맛이죠;;

상호 간에 항구들을 개방하고,
조선 근해 어장에서 중국 어선
조업을 허가.

억울하면 너네도 산동반도 앞바다 와서 고기 잡으라해~
정말 유서 깊은 빽침의 기원일세…

Ⅳ 인천, 부산, 원산 외에 양화진과 서울 도성 내 중국 상인들의 진입을 허가.

비단 장수 왕서방 Begins!!
오, 중간 마진 없는 가격!
크억; 국내 상인 다 죽는다;

V
관세는 5% 고정 관세로.
양놈들도 10~30% 관세인데;;
해관
5%
왜놈들처럼 무관세 아닌 걸 감사히 여기라해.

VI 조선에서 중국으로 수출하는 홍삼에 대해서는 15% 특별 관세 부과.

15%
치졸하다;
치졸해;;

그나마 30%에서 15%로 깎은 겁니다만;;

그리고 당연히
아편 거래 금지,
민간 무기 거래 금지.

VII 청 해군 함선, 조선 영해 마음대로 항행 가능.

대신 기항지에서 물품은 다 제 돈 내고 구입한다해~!
와, 돈을 준다니 대단한 양심 나셨네…

아니, 근데 이리 중국에 특혜 많이 주는 조약을 맺어놓으면 다른 나라들도 최혜국 조항 가지고 자기한테도 같은 조건 내놓으라고 난리 칠 거라 곤란한데요;;
허허, 이건 양놈들과의 '조약'과는 무관한 대국과 속국 간– 우리끼리의 '장정'이니 양놈들이 뭐라 뭐라 할 일은 없을 겁니다.

–는 개뿔, 결국 다음 해 영국, 독일, 일본과의 통상조약 재협상에서 내륙 통상권 등을 내어주게 된다.
청나라한테 준 만큼 우리도 줄 거지?

뭐, 너무 기분 상하지 말라고 장정 맺은 기념으로 차관 50만 냥 대출 승인해준다.
거, 이자도 꼬박꼬박 다 받을 거면서 생색내지 마시죠.
元
이걸로 근대화도 좀 하고, 화폐 정비도… 아, 그건 무리려나.
(당시 조선 정부 총 세입 약 500만 냥.)

조선이 그리 맨날 돈이 없는 건 아직 해관(세관)을 만들지 못했기 때문.
해관 만들 서양인 재정 전문가를 보내드리겠소.
안녕 하세요우~!

파울 게오르그 폰 묄렌도르프(34세)

묄렌도르프는
젊은 시절 중국에 건너와
능숙한 중국어와 지역학
소양으로 출세를 꿈꿨지만—

외교관은 외무고시 출신 이어야…
독일 놈한테 무슨 큰일을 맡기리오.

중국 해관 총세무사—
종신 독재 中인 로버트 하트

독일 공사관과 중국 해관의
말단 계약직만 전전해 왔다.

그러다 어찌어찌
이홍장과 연이 닿아
조선行 티켓을
얻을 수 있었던 것.

조선으로 가서 ~~관광공사~~ 해관 관세청장 & 재정고문 역할 하고 내 안테나가 되어주게.
옙!!! 독일에도 Zossen 이라는 지방이 있어서 조선은 왠지 친숙하군요!!

1882년 12월,
조선에 도착.

우리 조정에서 연봉 3,600냥을 지불할 것인데, 이거 미군 장성보다 고액 연봉인 거 알죠?

해관

Zha Zha Zha! 제가 해관을 제대로 만들고 재정 컨설팅 제대로 해서 연봉의 몇천 배 이득을 만들어 드리겠습니다!

아, 전공이 경영, 경제 쪽이시오?

아뇨, 동양학인데요.

재정 고문뿐 아니라 군사 고문도 필요!!
임오군란으로 조선 중앙군이 공중분해 되어버렸으니 이제 제로 베이스에서 신군을 만드시죠!!

1882년 12월,
1천여 명의 병력으로
새로운 중앙군-
친군영 발족.

이얼~ 싼~ 쓰!
세상에 누구도 나보다 바쁜 사람 없을걸~♬
원세개가 훈련을 맡아 청나라식으로 조련.
그 복식과 장비도 모두 청군의 것으로.

그렇게 서울에 자리하게 된 청의 문무 관원들은 이태원에 주둔한 청군 3천 명을 끼고 조선의 속국화 세팅을 완성해 나갑니다.

상무위원 진수당

해관 총세무사 통리아문 협판 묄렌도르프

주조 청군 사령관 오장경

물론 고종은 그 꼬라지를 별로 마음에 들어하지 않았습니다.

충선왕, 충혜왕 드립을 쳐?
나도 그 급이라는겨?!
원 간섭기에 이은 청 간섭기인가…

이에 일본에
임오군란 사과 사절로 가는
박영효와 김옥균에게 밀명.

일본이 조선 개화, 자립에
도움을 줄 수 있을지-
그 도움이라는 건 돈을 뜻함.
돈 빌려줄 수 있나 물어봐봐.
옙~

1882년 12월,
김옥균과 박영효 일본 도착.

박영효는 철종의
사위라는 높은 신분으로
사절단 정사를 맡음.
이번에 일본을 확실하게
청나라 견제 세력으로 끌어들이고
우리 개화당이 그 힘을
등에 업고 정국을 장악하는 거!!

일본 측과
협상에 임해-

임오군란 배상금 50만 엔
걍 탕감해 주시죠.
그리고 차관
300만 엔 꿔주세요.
아니, 뭐 이런
뻔뻔한 인간들이
다 있어?!?

외무경 이노우에 가오루

당시 일본은
확장 재정을 추구하던
대장경 오쿠마가
실각하고

하, 양적완화가
만병통치
약인데~
긴축!! 흑자!! 민영화!!
빚내면 망한다!!

신임 대장경
마츠카타는
초긴축 정책을 시행.

그런 상황에서 조선에 대규모 차관 제공은 무리.
(당시 일본 정부 연간 예산이 약 4천만 엔.)

뭐, 배상금 50만 엔은
10년 분할 납부하는 걸로 해드리고,
차관은 일단
17만 엔 꿔드리겠소이다.
첫, 축소 지향의
일본인 같으니…

17만 엔 中
5만 엔은 제물포
조약에 명기된
임오군란 유족
위로금으로 지급.
나머지
12만 엔으로
유학생 경비,
이런저런
기계류 구입,
이런저런
무기 구입.

그 밖에 사기꾼한테
얼마간
뜯기기도 하고,

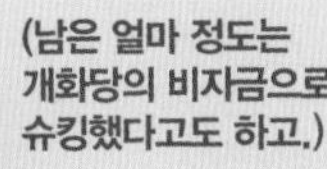
(남은 얼마 정도는
개화당의 비자금으로
슈킹했다고도 하고.)

뭐, 그리되어 결국 조선에
가지고 돌아간 돈은
한 푼도 없게 된 거죠.

김옥균은 일본에 3개월 넘게 체류하면서
일본 논객들, 재야 인사들과 폭넓게 교류.

중국이 지금 조선을 완전히
속국으로 장악해 버렸는데,
일본에서 견제에 좀
나서주셔야죠!!
소~다!!

친일 개화당을
앵커 삼아 조선으로!!
적극적 대시 필요!
중국과 대결 불사!!
워, 워,
개소리 ㄴㄴ.

군과 각계각층에서
친일 개화당 원조를 통한
조선 개입 주장이 목소리를 높였는데-

저 친일 개화당이란
이들은 진짜 한 줌에 불과한
찌리들인지라 조선 정치에 대해
저들의 영향력은
기대할 바가 못 되고,

조선에 서양 각국이 관심을 두기 시작한 시점에 일본이 조선에서 청과 대립각을 세우기 시작하면 청보다 훨씬 골치 아픈 서양 세력을 조선에 들이게 될 리스크가 있습니다.
오, 싸움이라면 형님들이 개입해 주지!
지금은 일단 동양 평화! 일 벌이지 않음을 미덕으로!

Meanwhile, 베이징에서는 조선 문제를 놓고 북양대신아문의 방침보다 훨씬 강경한 목소리들이 나오고 있었으니.

뭔 미적지근한 조선 속국화 어쩌고냐! 그냥 화끈하게 조선을 조선성으로 합병하고 총독을 보냅시다!! 한사군의 선례가 있소!!
동북 4성
장건
장패륜
결국 궁극적으로는 군을 키우고 조선을 기지 삼아 일본을 정벌해야 합니다!! 쿠빌라이 칸, 보고 계십니까!

조선 합병!!
일본 정벌!!
황해 간척!
무 대륙 발굴!
미친 소리 작작들 좀 싸시고;;
현재 우리 역량의 한계와 국제 정세상 이 이상의 오버는 모험주의 참변을 부를 뿐!

섣불리 조선을 겁먹게 하면
아예 일본 쪽으로
붙게 될지도 모르고,
일본과 조선에서 싸우면
우리가 이긴다는 보장도 없다.

나 집어삼킬 건 아니죠? 으의?!
나님도 조선에 침 발라놨다는 것을 와스레나이데~
안 먹는다해. 걍 현상 유지가 Best야.

그리고 뭣보다 지금
발등에 떨어진 불은~
킁킁~
어디서 타는 냄새가?

Salutations!
봉~ 쥬흐~!
Cứu mình với!
월남 살려!!

제 1 6 장

Fleuve Rouge

베트남은
프랑스의 침공을 맞아
1862년, 1차 사이공조약으로
코친차이나 동부 3성을
할양한 데 이어

1867년, 서부 3성까지
프랑스에 강탈당했다.

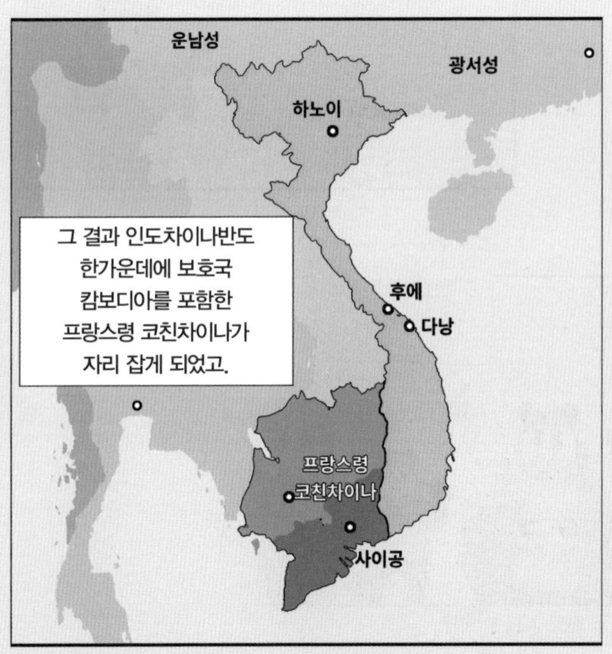
운남성
광서성
하노이
그 결과 인도차이나반도
한가운데에 보호국
캄보디아를 포함한
프랑스령 코친차이나가
자리 잡게 되었고.
후에
다낭
프랑스령
코친차이나
사이공

크읏; 북부는
원래 오랫동안
다른 나라였지;;
응우옌 왕조의 휘청거림을 틈타
북부에서는 온갖 반란이 들끓는다.
레 왕조
부흥 운동!!
가톨릭
종교 반란!
사덕제

그리 무법 지대가 된
북부에도
손님이 찾아오고.

으잉?
입국 신고합니다~

따뜻한 남쪽 나라에
망명 신청합니다~

1868년,
광서성의 연릉국 잔당
수만 명이 국경을 넘어
베트남으로 귀부.

연릉국 잔당 지도자 오곤

일찌기 태평천국이 발흥하던 1852년,
광서성의 산적 두목 오능운은
태평천국의 기의에 호응해 봉기.
광서성의 객가, 좡족,
천지회를 규합한다.

1861년, 광시성 서부 충쭤에
연릉국을 세우고 왕위에 오름!
YN
20대의 유영복이
이때 합류한다.
연릉국
광서성
광저우
홍콩

연릉국은 태평천국과는
그 근본이 동향으로,
태평천국의 작호도 받으며
대충 동류로 여겨졌다.

야훼루~!

(저 이상한 사이비
종교를 진짜로
믿지는 않았지만.)

하지만 태평천국 멸망 후,
잔적 토벌에 나선 관군이
연릉국에도 들이닥치고.

장발적 잔당들
정리 시간이다!!
으어; 사이비 종교
신도 아니에요;;

광서 제독 풍자재

1868년, 오능운은 관군에게 패해 죽고,
아들 오곤이 남은 무리를 이끌고
서쪽으로 도망간다.

다들 여권
잘 챙겼지?
오곤
운남성
광서성
베트남
하노이

음;
하노이 북쪽에서
숨만 쉬며 살도록.
쎄쎄~~

베트남 조정은
이들을 쫓아낼 힘도 없고 해서
인도적으로 받아들이긴 했는데–

오곤은 곧바로
국경 지대의 까오방성을
점령하고 독립 왕국을
건설하려 든다.

까오방
하노이
후에
사이공
YN
크악!! 이런
배은망덕한 이민
범죄자 같으니!!
연릉국 재건!!
베트남은 어차피
곧 망할 거 같은데
땅 좀 주워 먹읍시다~ㅎ

베트남 측은 곧바로
광서성의 풍자재에게
지원 요청.

아, 님네 똥이
여기까지 역류해서
민폐 작렬이오!!
헐; ㅈㅅ~
바로 토벌대
보내
드리리다!
헐;

1869년, 베트남군과 청군의 협공으로
오곤을 비롯한 오씨 일족은 멸절당한다.

중월동맹이라니!!
이 무슨!

ㅇㅇ, 유교주의
형제국이라고.

이후 연릉국 잔당들은
세 분파로 갈라지는데-

흑기군을 이끄는 유영복은
베트남 조정에 공순해 벼슬을 받고.

어휴, 스윗 벳남의 품에 안겨 충성을 다하겠습니다~
뭐, 어차피 손 놓은 북부 지역. 중국 군벌이라도 말만 잘 들으면 활용할 만하다.

그리 베트남 측과
손잡은 유영복의 흑기군은
백기군과 황기군을
처바르고.

크윽! 베트남 놈들에게 굴종하다니, 자존심도 없냐!?
아니, 이민자는 당연히 이민 온 나라 정부에 충성해야죠!!

1872년, 유영복은
중월 국경 지대를 관리하는
벼슬도 받아 북부의 패자로
확고히 자리 잡게 된다.

이제 열심히 살면서 베트남 드림을 이루겠습니다!

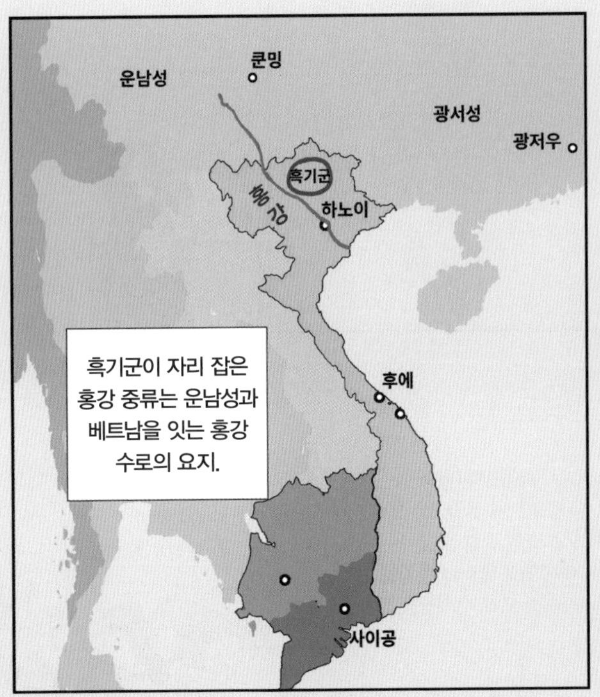
운남성
쿤밍
광서성
광저우
흑기군
홍강
하노이
흑기군이 자리 잡은
홍강 중류는 운남성과
베트남을 잇는 홍강
수로의 요지.
후에
사이공

홍강 수로를 끼고 앉은 흑기군은
운남성과 하노이를 오가는 상인들에게
통행세를 걷으며 크게 부를 쌓는다.

저거 저거 태평천국
잔당 놈 아니여?!
어휴, 아닙니다!!
선량한 유교맨
화교입니다!!

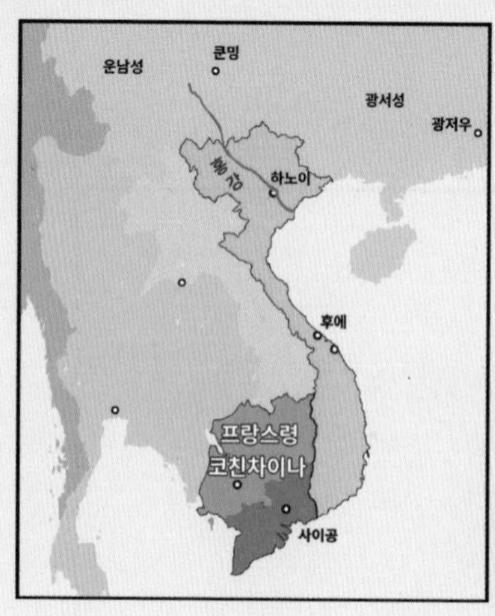

운남성
쿤밍
광서성
광저우
홍강
하노이
후에
프랑스령
코친차이나
사이공

Meanwhile, 홍강 수로를 눈여겨보는 다른 탐욕스러운 시선도 있었으니-

홍강이
중국 내륙行
고속수로라고?

코친차이나 총독
듀프레

메콩강이 별로 돈 되는 수로가 아님을 알게 된 프랑스인들은 북쪽으로 올라와 홍강을 거슬러 오르기 시작했고.

중월 간의 수로인 홍강…
이는 분명 제갈량이 남만 원정 때
사용한 루트가 틀림없다!
이를 계속 거슬러 올라가면…
무기 상인
장 뒤피

과연 홍강 수로는
촉 땅으로 이어져 있군요!!
운남성
칠종칠금은
사실이었구나!!

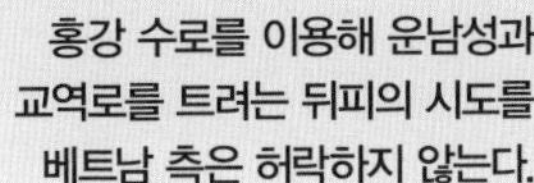
홍강 수로를 이용해 운남성과
교역로를 트려는 뒤피의 시도를
베트남 측은 허락하지 않는다.

무기 상인이 중월 교역로를 오가는 위험한 꼬라지는 허락할 수 없소!!
아니, 그 무기를 중국에 파는 편이 당신들한테 사용하는 것보다 나은 선택지 아닐까요?

홍강을 거슬러 올라가 입촉해 형주를 취하고 한중을 발판 삼는다면 능히 천하를 도모하고 황실 부흥을 이룰 수 있을 것이옵니다!

음, 보나파르트 황실은 별로 안 좋아하지만…

이에 뒤피는
코친차이나 총독부를
부추기고,

운남성
쿤밍
광서성
광저우
홍강
하노이
통킹만
후에
사이공
1873년 11월,
뒤프레 총독은 2척의
군함을 통킹만으로
보내, 하노이 당국을
압박하기로 한다.

하노이 태수
응우옌찌프엉
하노이 개항하고,
홍강 수로
개방하시오!
하노이 측은
프랑스 함대의 요구를
단칼에 거절.
응(우옌),
안 돼. 꺼져.

이에 모험가 군인
가르니에 대위가
200명의 병력을 이끌고
하노이성을 공격.
문답무용!!
총은 뒀다
뭐 하노(이)!
프엉?!

1873년 11월 20일,
하노이성을 점령하고
태수를 포로로 잡는다.
이게 프랑스지!!

미친 프랑스 놈들이 하노이를
깔고 앉으면 댁들에게도
피해 막심일게요!!
ㅇㅇ, ㅇㅈ.
홍강에서 우리
비즈니스가
위협받지;;

이에 베트남인들은
흑기군에게 도움 요청.

12월 21일,
유영복은 흑기군
2천여 병력을 이끌고
하노이성에 도착.

야, 이 열강의 수치 프랑스 놈들아!!!
유럽에서는 독일한테 처발리고
아시아 쪼렙존 와서 양학 딸딸이냐!?
크헉?;
이러고 또 유럽에선
배상금 갚는답시고 독일한테
마누라 금반지 빼다 바치며
굽실대기나 하고.

크앗! 웬 중국 놈이 무뜬금
막말 시비야?!! 대포 발사!!
뚜슝
어이쿠~
ㄷㄷㄷ

흑기군이 프랑스군의
포격에 놀라
달아나는 시늉을 하자-

크악! 내가 오늘 저 중국 놈
잡아다가 입 찢어놓는다!!!

가르니에는
열댓 명의 부하만 이끌고
하노이성을 뛰쳐나와
흑기군의 뒤를 쫓는다.

그러다가 성 밖으로
너무 멀리
나오셨구료~
웁스;

곧 수백 명의
흑기군에게
포위당하는데.

처신
잘하라고!
뜨악;;;

그렇게 가르니에의 목이 잘리자
프랑스군의 사기는 바닥을 치게 되고.

보불전쟁 발린 지 2년밖에 안 된
이 뒤숭숭한 시기에 왜
쓸데없이 일을 벌이다가
목이나 잘리고 난리여?!!
어, 목은 일단
호치키스로
붙여놓기로…

코친차이나 총독부
독단으로 진행한
이 작전에 본국의 지원도
기대할 수 없었다.

프랑스는 하나의
왕국이야.
복벽! 복벽!!

왕당파들이 왕정복고를
추진하는 어수선한 정국에
해외에 신경 쓸 여력이
있을 리가 없었지요.

파리에서는 1873년 공화파 티에르가
대통령에서 물러나고 왕당파인
마크마옹 장군이 대통령에 취임.

뭐, 비긴 걸로 치고
대충 화해합시다.

이에 프랑스는 1874년 3월,
베트남과 2차 사이공조약을
맺으며 하노이를 다시 뱉어낸다.

일단, 하노이 개항, 홍강 수로 개방 관철.
코친차이나 서부 3성의 프랑스 영토 인정.

……
아, 이제 하노이 부동산 가격 오를 거라니까?!

대신 1차 사이공조약 때의 배상금 탕감해 주고, 각종 무기와 군함도 공여해 주고 군사 고문단, 기술 고문단도 파견해 주는 등 당근도 많이 주기로 한다.
……
뭣보다 베트남은 '자주독립국'으로 (청나라가 아닌) 프랑스와 외교적 이해를 함께한다는 걸 명문화.

이리 좋은 조건이니
베트남 황제께서도
만족하시겠수와~?

만족은 개뿔, 베트남을
보호국화하려는 수작이 뻔한데
그게 술렁술렁 진행되게
둘까 보냐…

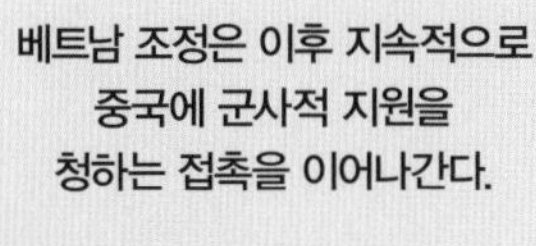
베트남 조정은 이후 지속적으로
중국에 군사적 지원을
청하는 접촉을 이어나간다.

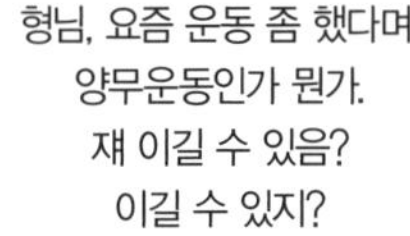
형님, 요즘 운동 좀 했다며.
양무운동인가 뭔가.
쟤 이길 수 있음?
이길 수 있지?

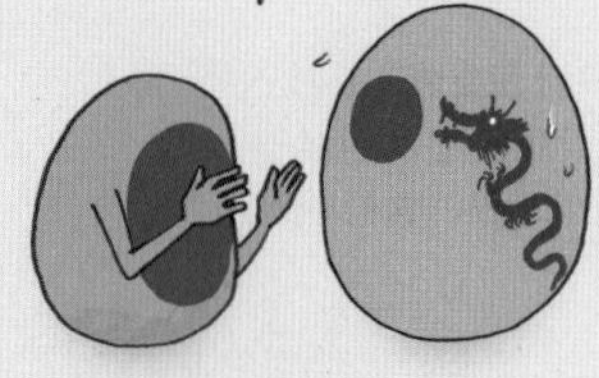
으음…

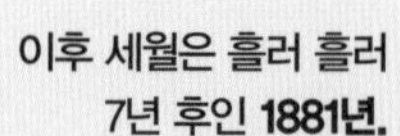
이후 세월은 흘러 흘러
7년 후인 1881년.

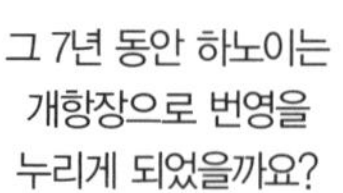
그 7년 동안 하노이는
개항장으로 번영을
누리게 되었을까요?

프랑스인들은 촉한 땅의
풍요를 손에 넣을 수
있었을까요?

촉한의 풍요는 개뿔,
위로 올라가 봤자 기념품 가게에서
팬더 똥 녹차나 팔더라.
그러니 제갈량이 망했지.
뭣보다 운남성에서 밖으로 나오는
교역로는 전통적인 광저우行 루트가
메인이었고, 그 부분은 영국인들이
꽉 잡고 있답니다~ㅎ

게다가 베트남 토호들과 흑기군은
2차 사이공조약 따위 전혀 신경 안 쓰며
계속 홍강 중류를 끼고 앉아 통행세를 받고 있다.
아, 조약이니 뭐니
어려운 얘긴 모르겠고,
톨게이트비를
내시라고요.

…그렇게 2차 사이공조약이
휴지 조각 취급받고, 하노이를
들락거리는 프랑스 상인들 불만이 하늘을
찌른다니, 가서 현황 파악도 좀 하고
압박도 좀 하고 오도록.

위! 무슈!

코친차이나 총독 드 빌레

앙리 리비에르 대령

운남성
하노이
통킹만
후에
사이공

1881년 12월,
리비에르는 소함대와
600여 병력을 이끌고
하노이로 향한다.

통킹만, 홍강 삼각주 일대를 여기저기
둘러본 리비에르는 4월 25일,
하노이성 앞에 진을 치고.
저 양반이 정치적 야심도 있고, 문필가로 글도 좀 잘 쓴다고 합디다.
흠, 교양인이면 말이 좀 통하려나.
……

끄아악!!!
공격 개시!!!
뚜숑

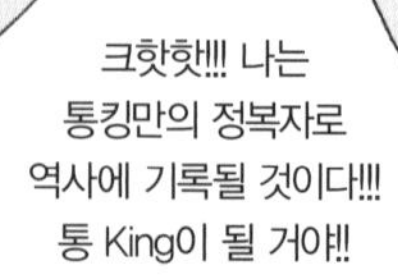
크핫핫!!! 나는
통킹만의 정복자로
역사에 기록될 것이다!!!
통 King이 될 거야!!

1882년 4월 25일,
하노이성 함락.

제 1 7 장

통킹 위기

1882년 4월, 리비에르가
하노이를 점령.
어쩌다 보니 우발적으로
이리되었네요!
이에 베트남은
중국에 SOS.
도와줘요!
중궈맨!!

…와카타…

어; 음;; 어쩔까나;;
어쩌긴 뭘 어째!
당연히 통킹에
파병해서 천조의 의리와
위엄을 내보여야지!!!
북양대신
이홍장
국방 담당
군기대신 좌종당
산서순무
장지동
남방의 병사들이 즉시
국경을 넘을 수 있습니다!

청 조정 내 강경파가 목소리를 높여
1882년 여름, 청군 1만여 명이 하노이 근방
통킹 각지로 내려와 주둔을 시작.

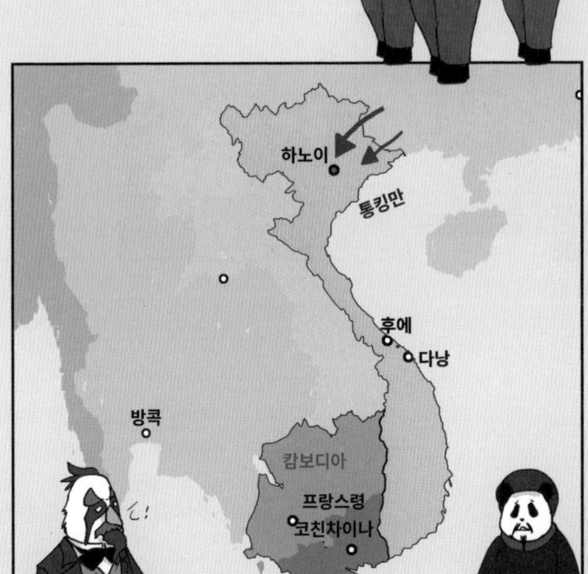
하노이
통킹만
후에
다낭
방콕
캄보디아
프랑스령
코친차이나
중국의 군사 개입?! 뭔 근자감이지!?
아니, 뭐 딱히 직접 들이박겠다는 건 아니고요…

청조는 프랑스와의
직접적인 충돌 대신 써먹을 수단을 찾아
특사 당경숭을 바오탕의
흑기군 진영으로 파견한다.

정글의 군벌 보스를 만나러 가는 정부 요원…

당경숭

조정은 흑기군의 애국적 국위선양을 높이 평가해, 옛 태평천국 잔당의 죄를 모두 사면하고 국적 회복을 허용키로 했습니다~ㅎ
더불어 장군에게는 벼슬도 내려주신답니다~ㅎ
……

…옛날 산서에서 청군에게 형제들이 모두 몰살당하고 가족 친지들이 핍박당했던 개인적 과거사를 잊을 수는 없지만…

사면받고 고향으로 돌아갈 수 있게 해주신다면, 그야말로 성은이 망극한 일입죠! 조정에 충성을 바치겠습니다!!
ㅎㅎ~ 조국의 품은 애국적 해외 동포들에게 언제나 열려 있습니다!

흑기군이 청조에 공순함에 따라, 청조는 흑기군에 은 2천 냥을 비롯, 각종 무기와 군수 물자를 지원한다.

나라를 위해
일 좀 같이합시다.

청군의 진주와 흑기군의 움직임에 당황한 주청 프랑스 공사관에서는 아무 말 협상안을 제시.

이리 대립하지 말고 홍강을 경계로 베트남을 분할해 나눠 먹으면 어떨까요?
홍강
류큐 사태 이후 속국을 나눠 먹자는 침략국의 무도한 쌉소리에는 더는 대응 않기로 했습니다.
주청 프랑스 공사 부레

이리 몇 개월에 걸친 외교 교섭은 지리멸렬하고.

딜 ㄱㄱ?
꺼져주세요.

하노이 근방 흑기군의
움직임이 활발해지는
꼬라지를 지켜보던 리비에르는—

....
중국 놈들 힘을 빌어
프랑스 놈들을
몰아낼 것!

1883년 3월,
군을 이끌고 나와
하노이 인근 여러 고을을
함락시키며 돌아다닌다.

크앗!! 이게 다 뭔 뻘짓이냐?!
그냥 통킹만 전체를 무력으로
눌러버리면 그만이지!!!

이에 유영복도 대응해
흑기군을 이끌고
하노이 근방으로 진격.

프랑스 놈들은 성질머리가
초나라 사람들마냥 허세만
크고 진중함이 없지.

프랑스군을
조롱하는 대자보로
리비에르를 격분시킨다.

여기가 10년 전, 가르니에가
목 날아가면서 오줌
지린 장소임.
쫄아서 못 나오냐?
궁금해서 '엘랑스'를
검색해 봤음~ㅋㅋ

리비에르는 550명의 병력과
대포를 끌고 하노이성 밖으로
뛰쳐나오는데.

크윽!! 저 중국
산적 두목 골통을
대포로 으깨주갔어!!
ㅎㅎ~

1883년 5월 19일,
하노이 서쪽 성벽 아래
꺼우저이의 지교에서
3천 흑기군의
매복에 걸리고.

이거, 뭔가
데자뷰? ㅎ
헉, 데자뷰는
불어인데;;

진창에 빠진 대포를 끄집어 내려던
리비에르는 빠져나오지 못한다.

남만에서는 칠종칠금이 국룰 아닌감요?
뎅겅
아, 사실 삼국지의 그 남만은 베트남이 아니지요. 운남성 남쪽 정도일까나.

10년 전에 이어 다시 한번 프랑스 대장의 수급을 취했다!!

멘탈 부스러기 챙겨서 얼른 탈주하거라!!

……

하지만 프랑스의 분위기는 10년 전과는 좀 달라져 있었으니.

일단 프랑스 언론이 미쳐 날뛰고.

중국 산적이 비열하게 프랑스 장교를 살해!!
중국이 현지 군벌을 조종해 베트남에 불법 개입하며 프랑스를 능멸한다!!
어휴, 야만스럽게 칼로 목을 치다니;;;
문명 사회에서는 단두대를 이용하는데 말이죠.

당시 프랑스 정치는
왕당파가 부르봉 본가와
오를레앙파로 분열해
복벽에 실패하고.

프랑스 국기는
백기가
근본이다!
백기 따위를 드니
망하는 거다!!

1879년, 마크마옹이
물러나며 왕당파 정권 붕괴.

공화파의 쥘 그레비가
대통령으로 선출되면서
프랑스 3공화국은 비로소
안정된 궤도에 진입.

드디어 진짜 공화국의
공화 정권 수립!!
내각책임제도
확립되었지요!

쥘 페리 총리가
정권을 이끌게 된다.

쥘 페리는 야심찬 제국주의자로
튀니지를 비롯, 마다가스카르 등
아프리카 진출을 크게 밀어붙였고.

독일에 잃은 것을
아프리카와 아시아에서
더 크게 뜯어낸다!!!
거대 식민 제국
프랑스 건설!!

그런 줠 페리 내각에
베트남에서 터진 불꽃은
침략의 호재.

해치워 불어!!
불어! 불어!
French!
중국 놈들의 건방진
책동을 분쇄하고 이 기회에
베트남을 확실히 먹어불어!!

의회는 그 침공안에
찬동하며 파병과
예산을 승인.

1883년 5~6월,
1만 명 규모의 프랑스군이
베트남을 향해 출발한다.

20여 척의 함대에는
신형 철갑함들도 포함.

프랑스 본토뿐 아니라
태평양, 아프리카, 동양
각지의 군대를 모았다.

프랑스의 급발진에
청조는 일단 긴장.

그러게, 프랑스 놈들이
각잡고 쳐들어
올 거 같더라니까…
PRINCE
CHUN
EMPRESS
DOWAGER
PRINCE
GUNG
하, 진짜 전쟁이라도
해보자는 건가?!

(중국번 아들)
이를 두고 주불 공사 증기택은 강경론에 힘을 실어준다.

connected... PARIS
거, 우리 상황이 불리하거나 프랑스 상황이 유리한 게 아니니까 쫄지들 마시고.

영국은 언제나 영광스러운 독고다이.
근본 없는 프랑스 공화쟁이들과 우리 고귀한 왕후장상들이 어찌 어울리겠습니까?!
크읔, 왕따 놀음 정치질 극혐;;

작금 유럽에서는 비스마르크가 프랑스 고립책을 교묘하게 진행해 프랑스가 외로이 왕따 당하고 있는 형국입니다.

So, 프랑스가 중국과 전쟁을 벌일 경우, 어느 열강의 지지도 얻지 못할 것이며, 이득을 취함에 견제나 당할 것입니다.

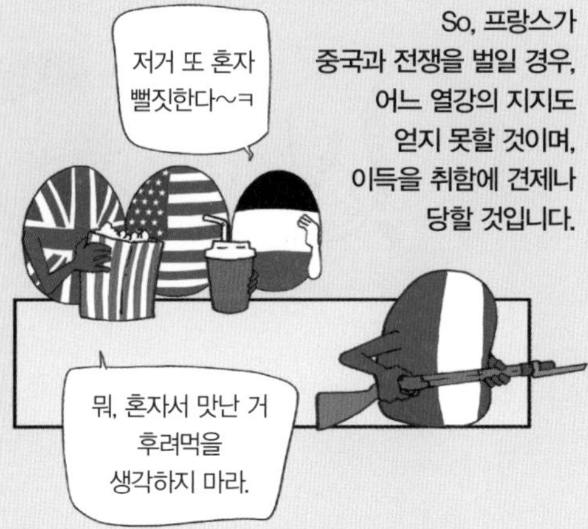
저거 또 혼자 뻘짓한다~ㅋ
뭐, 혼자서 맛난 거 후려먹을 생각하지 마라.

이는 3년 전, 일리 위기 때 러시아가 국제적으로
고립되어 있었던 상황과 비슷한 것이니.

Coke
중국에서 뭐 맛난 거
혼자 후려먹을
생각하지 마라~ㅎ

결국 러시아가 굽히고
부당한 이득을 포기하는
협상에 임한 것처럼

협상안
일리 안 먹음. ㅇㅇ.

이번에 프랑스도 결국 굽히고
부당한 이득을 포기하는 협상에 임할 것입니다.

협상안
통킹 안 먹음. ㅇㅇ.

청조에서는 여전히
강경파가 메인 스피커를
차지했고.

그렇다!!
이럴 때일수록 강하게 맞서야 한다!!
프랑스 놈들의 원정군은 그저 허장성세!!
우리는 국제 규범의 원칙으로
대응한다!
……

천조는 베트남과의
의리를 저버리지
않을 것이외다!

샬르멜 라쿠 외무장관

파리에서 증기택은
프랑스 측의 협상안을
거부했다.

Meanwhile,
프랑스군이 후에로
몰려오기 직전인
1883년 7월 17일,
사덕제 향년 54세로 사망.

크윽, 프랑스 놈들에게
나라 뜯어먹히는 꼬라지만
구경하다 가는구나;;
베트남의 실질적 군주로서는
사실상 마지막 황제였다
할 수 있죠.

선제의 유지를 받들어
대불 결사 항전!!
이후 막강한 권세를 지닌
보정대신들이 국정을 좌우하며
1년에 4명의 황제가 교체되는
혼란이 이어진다.
조정에서는 항전파와
강화파의 다툼이 이어지고.
못 이긴다!
항복 ㄱㄱ!
정글에서
게릴라전 하면
승산 있다!!

1883년 8월, 프랑스군 본대가 수도 후에로 밀고 들어온다.

또 한 번 숨죽여 운다~♬
널 사랑한 **'후에'**~

후에 외곽의 투언안 요새에서
베트남군이 대패하면서
베트남 조정의 제대로 된
저항은 끝장나고.

아니, 남의
국상 중에 쳐들어오는
무도한 놈들이 천하
어디에 있단 말이냐!!!
아, 조의금 봉투도
챙겨 왔음요.
육개장이나 내놓으쇼.
육개장에
쌀국수 사리?

베트남은 이제
프랑스 보호국. ㅇㅋ?

그리고
통킹만 지역도
넘겨주셔야 되고.

1883년 8월 25일,
베트남 조정은
프랑스 측이 제시한
후에조약을
받아들이며 항복한다.

협판대학사 쩐딘뚝

ㅇㅋ…

쿠르베 제독

쥘 아르망 대사
(통킹 총독 내정)

문화재적
가치는 고려하지
않는 건가;;

이제
중국과는 절교!

이를 확실히 하기 위해
프랑스 측은
베트남 조신들과 함께,
청조에서 베트남에 내린
어보를 녹여버리는
행사를 갖는다.

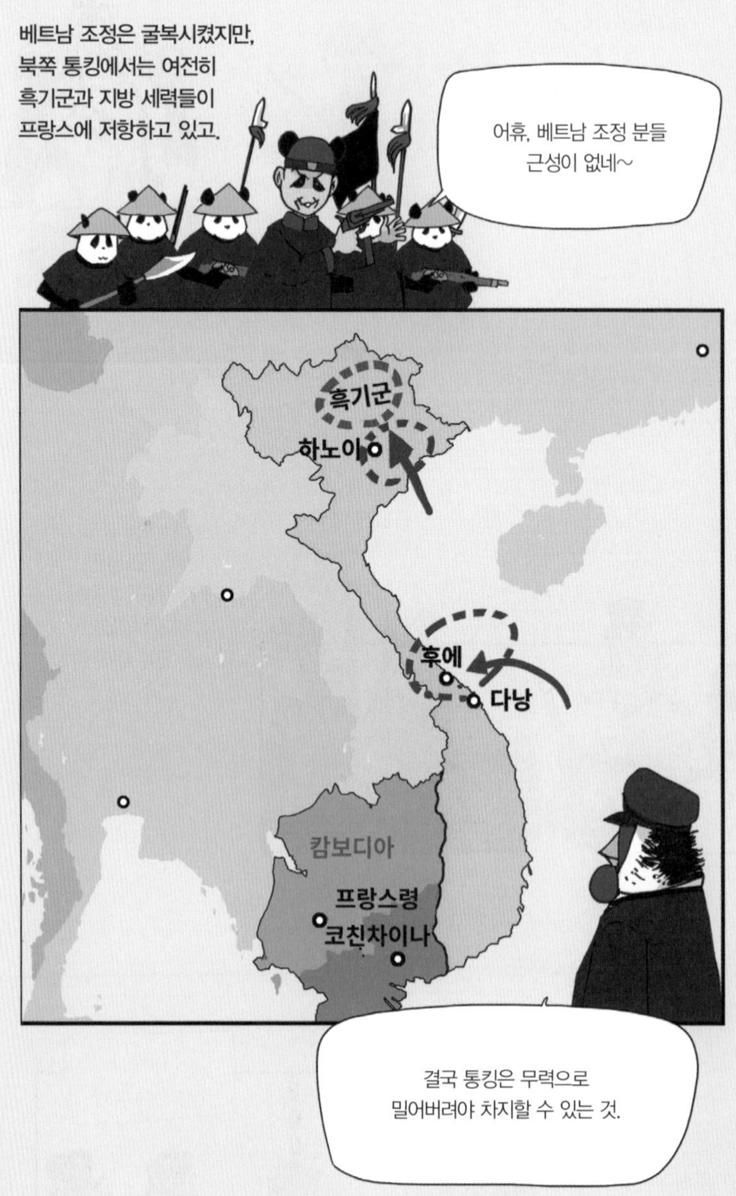
베트남 조정은 굴복시켰지만,
북쪽 통킹에서는 여전히
흑기군과 지방 세력들이
프랑스에 저항하고 있고.
어휴, 베트남 조정 분들
근성이 없네~
흑기군
하노이
후에
다낭
캄보디아
프랑스령
코친차이나
결국 통킹은 무력으로
밀어버려야 차지할 수 있는 것.

7월부터 하노이 방면의 프랑스군이 증강되어 그
주변의 흑기군을 걷어내기 위한 작전에 나선다.

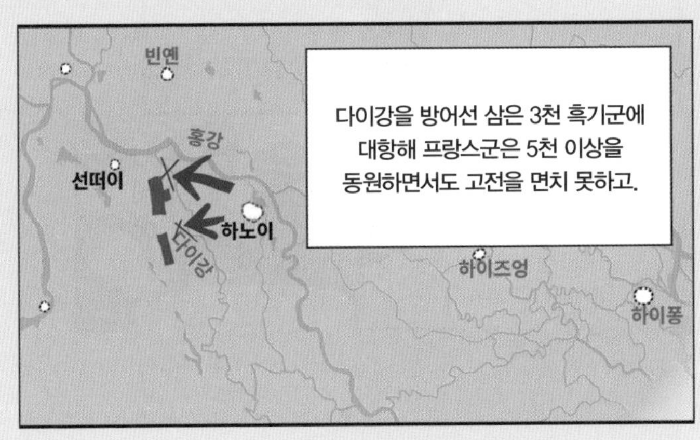

다이강을 방어선 삼은 3천 흑기군에
대항해 프랑스군은 5천 이상을
동원하면서도 고전을 면치 못하고.

크윽, 늪지대라서
환경이 불리하다;
아니, 그러면
보불전쟁도 늪지대에서
싸워서 진 거냐? ㅋ

하노이에서 40km 떨어진 선떠이의 흑기군에
반년 동안 고전을 면치 못한 프랑스군의
무능은 서양에서도 비웃음거리가 된다.

크악;;
전쟁 더럽게 하네;
우왘ㅋㅋㅋ
서양 열강 망신
혼자 다 시키넼ㅋ
정규군도 아니고
군벌 한 무리를 저리
못 걷어내나?

열받은 프랑스 측은
9천 병력을 동원해
선떠이에 대한
대공세를 개시.

빈옌
박장
1883년 12월,
선떠이성에 육박한다.
홍강
선떠이
하노이
다이강
하이즈엉
하이퐁
통킹만
동남아 정글 군벌
상대로 쪽팔리게
전력 인생 배틀이냐?!
호랑이는 토끼 한 마리를
잡을 때도 궁을 쓴다!!

유영복은 박닌에
주둔한 청군에
도움을 청했지만

Help!! 프랑스 놈들이
진짜 각잡고 대군으로
쳐들어와요!!
아니, 저기;; 우리는
프랑스랑 전쟁하러 여기
와 있는 게 아니라서리;;

박닌의 1만 청군은 움직이지 않았고.

이에 1883년 12월 17일,
흑기군은 1천여 명의
사상자를 내고 후퇴.
후; 빡셌다;;
프랑스군은
83명 전사,
320명 부상.
쿳, 청 관군 따위
이제 믿지 않겠어.
우리 군 다 빼라!

대충 하노이 근방을 정리한
프랑스군은 1884년 3월, 박닌의
청군 주둔지로 향한다.
빈옌
홍강
박닌
선떠이
하노이
다이강
하이즈엉
하이퐁
통킹만
어이, 중국 님들!
슬슬 방 빼시지?
헐;;

1884년 3월, 프랑스의 박닌 공격이 시작되고,
박닌과 그 주변 2만여 청군은 싸우는 시늉만
하는 둥 마는 둥 하다가 모두 후퇴해 버린다.
어휴; 남의 땅에서
외국군들이 싸우는 건
예의가 아니지;;

이 사태 전개에 청 조정에서는
주화파가 스피커를 얻게 되고.

베트남 조정은 이미 항복했고,
흑기군은 삐져서 더는
안 움직이고,
베트남의 우리 군은 다
후퇴했고.
우리가 이제 뭘 더
할 수 있는 게 있습니까?
걍 협상 ㄱㄱ.

일리 위기 때의 러시아와 달리
지금 프랑스 놈들은 전면전 벌일 생각 만땅이니,
괜히 이득도 가망도 없는 전쟁에
휘말리지 말고 대충 이쯤에서 끝냅시다.
알로~

이에 1884년 5월 11일,
톈진에서 청불 양측 간
톈진 협약 합의.

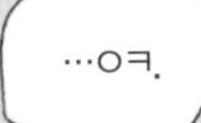
…ㅇㅋ.

프랑스의 통킹 점령 인정!
베트남에서 청군 철수!
흑기군 지원 중단!
베트남은 프랑스 세력권 인정!
ㅇㅋ?

이렇게 베트남 사태는 청과 프랑스 간의
전쟁으로 번지지 않고 대충 마무리되었…

굽씨의 오만잡상

실크해트를 쓴 파리지앵들이 인형 같은 숙녀들의 잘록한 허리를 에스코트하는 뤼상부르. 검은 망토의 괴도 신사가 끝없이 펼쳐진 양철지붕들 위를 뛰어다니고, 스팀 운무를 뿜으며 멈춰서는 철마에 혁명가들과 스파이들이 타고 내리는 오르세. 압생트에 쩐 미친 예술가들이 칼부림을 벌이고, 엔진 날개를 단 발명가들이 에펠탑에서 날아오르는 빛의 수도 파리. 이런 것들이 프랑스 3공화국의 전형적인 이미지겠지요.

보불전쟁 패전과 파리코뮌의 혼란을 딛고 시작된 프랑스 3공화국은 왕당파의 도전을 물리치고 확고한 공화정 체제를 확립해 70여 년을 지속하게 됩니다. 그 헌정 체제는 대통령과 총리의 이원집정부제를 지향했으나, 실질적으로는 일원적 의원제로 정리되어 의회를 장악한 총리가 국정을 지휘하게 됩니다. 그러한 체제하에서 전반적으로 공화파의 개혁주의자들이 나라를 이끌어 갑니다. 물론 온건 보수, 자유주의, 국수주의, 가톨릭, 왕당파, 보나파르트파, 온건 좌파, 사회주의, 공산주의, 채식주의, 무정부주의 등등 온갖 계열의 정치 세력이 명멸하고 이합집산을 벌였기에 그 정치 판도는 때로 어지럽게 돌아가곤 했지요. 또한 자본주의 고도화로 부의 집중이 가속화해 소수의 부유층이 엄청난 부를 독점한 반면, 노동 대중의 삶이 빈곤하고 피폐한 것은 이웃 나라들과 다를 바 없었습니다(그나마 프랑스는 좀 나은 편이었다고들 하지만). 또한 보불전쟁의 국치 설욕이라는 애국주의 열기에 푹 잠겨 있던 이 공화국은 국방 분야에 초당적인 집중을 기울였으니, 1880년대까지는 성인 남성의 의무 병역 기간이 5년에 달했습니다(이후 3년으로, 이어서 2년으로 줄지만). 이렇게 발버둥 쳐도 인구가 폭발적으로 늘어난 독일제국에 인구비로 현저히 밀리는 프랑스 3공화국이었기에, 복수의 전망은 요원한 것이었습니다. 그래서인지 국수주의 열기는 유럽 밖을 향하게 되고, 아프리카와 아시아 각지에 프랑스 식민제국의 판도가 광활하게 뻗어 나갑니다. 이는 고도화한 자본의 요구에도 부합한 것이었겠지요. 그렇게 쌓은 부는 파리로 모여들고, 기술 발전으로 강철 다리 위를 자동차가 굴러가고, 백만 전등이 밤을 휘황찬란하게 밝히고, 예술가들은 그 빛에 홀려 불나방처럼 파리로 향했으니, 그 시절을 사람들은 벨에포크—좋은 시절로 기억하게 됩니다.

제 1 8 장

청불전쟁 개전

3년 전인 1881년,
동태후가
사망했고.

1884년 5월에는
베트남 사태의 책임을 지고
공친왕이 사퇴하면서–

하; 이제는 진짜
서태후 형수님 1인 천하로고.

공친왕의 포지션은 광서제의
아버지인 순친왕에게 넘어간다.

ㅎㅎ, 중국판 대원군이
계신데 어찌 제가
나대겠습니까~ㅎㅎ
……;
예허나라
완전
(서태후
동생)
순친왕
(공친왕 동생)
광서제
어차피 우리 가족 모두
언니 퍼펫인 걸 천하가
다 아는데.

베트남 사태의 귀결이
공친왕의 실각을
야기했을 정도로,
당시 청 조야는 장패륜이
이끄는 청류파를 중심으로
통킹 위기의 마무리에 대해
불만이 팽배해 있었으니.

……
류큐에 이어 베트남도
이리 쉽게 포기한다니?!
복건선정사무
장패륜
속국이 망하든 말든
천조는 손 못 쓴다는
무능을 천하가 목도했다.
이 망신을 두고
공친왕도 사퇴했는데
이홍장 저 인간은 왜
아직 모가지
붙어 있음?

이러한 불만은 아직 베트남 북동부에 주둔 중인 청 광서군 진영에도 팽배해 있었고.

Shame!

광저우
랑선
하노이
박레
1884년 6월, 프랑스군이 국경까지의 통제 확보를 위해 국경 도시 랑선으로 향하던 중 박레의 중국군 진지를 마주치게 되는데.
헐;
어이! 청챙총!! 텐진 협약에 따라 청군 다 철수하기로 했는데 왜 아직 거기 있누?!

우린 아직 철수 명령 못 받았다! 그리고 텐진 협약에는 철수 시한을 정해놓지 않았을 텐데?
어, 그러면 시한 정해줌. 셋 셀 동안 꺼져라.

결국 6월 23일,
박레에서 양군 간 총격전이 벌어지고.
문답무용!!
투당
투탕
타다당
크잇! 쐈겠다?!

비겁하게 매복 기습
공격이라니!!
후회하게 될 거다!!
선은 너네가 먼저
넘었구먼!!
청군은 300여 명 전사.
프랑스군은 90여 명의
사상자를 내고 후퇴.

박레 교전 소식이
파리에 닿고.
비겁한 중국 놈들이
톈진 협약을 무시하고
우리 군을 매복 기습했다!!
조야는
다시 들끓는다.
단호한 응징!
사죄와 배상!!

So,
청 조정의 공식 사과와
배상금 2억 5천만 프랑을
내놓으시오.
사과는 니들이 해야죠.
2억 5천만 프랑?
은 3,800만 냥??
이거나 까드시오.

청측은
사과와 배상금
모두 거부.

역시
말로 해서는 안 되겠구먼!
포탄 처방이 필요하겠어!

프랑스 정부는 극동 함대에
군사 행동 명령을 하달.

극동 함대의 분견대가
중국 영해로 향한다.

전략적 요충지면서
중국 본토에 비해
부담 없이 칠 수 있는
곳이라면-
역시
대만이지!
푸저우
지룽
샤먼
광저우
타이난
홍콩
하노이
1884년 8월, 레스페 제독의
선단이 대만으로 향하고.

8월 5일, 대만 북부 지룽의
해안 포대를 포격해 박살낸다.
뚜숑
스페인, 네덜란드, 한족, 만주족, 일본에 이어
프랑스도 대만 침공 클럽에
이름을 올리는구나.

이어서 프랑스군 해병대가 상륙해
지룽성 점거를 시도했지만,
18년 전 강화도의
추억이 떠오르는군요.

대만은 일본의 침공을 계기로
나름 방비를 갖춰놨지!!
Taiwan 넘버 1!!!
청군의 대규모 반격에 직면해
8월 6일, 철수한다.
대만사무대신 유명전
헉, 해병대 수백 명으로
어떻게 비벼볼 섬이 아니구나;

음, 대만은 일단 나중에 손보기로 하고,

전쟁을 시작하며 가장 먼저
때려 부숴야 할 중국 해군 요충지는–

푸저우
지룽
샤먼
광저우
타이난
하노이
홍콩

푸저우다!!

푸저우의 마미조선소는
일찌기 1865년 좌종당이
프랑스의 협력을 얻어 건설한
동양 최대의 근대 조선소.

좌종당의 심복인
프로스페 지켈 소령이
CEO를 맡았다.

이후 마미조선소와 거기서 건조되는 선박들,
푸저우의 항해 학교, 인력, 함대를
복주선정국이 총괄한다.

선박 건조부터 인력 양성,
선단 운영, 군사 작전까지 모두
포괄하는 해양 종합 클러스터
헤드쿼터라 할 수 있지요.

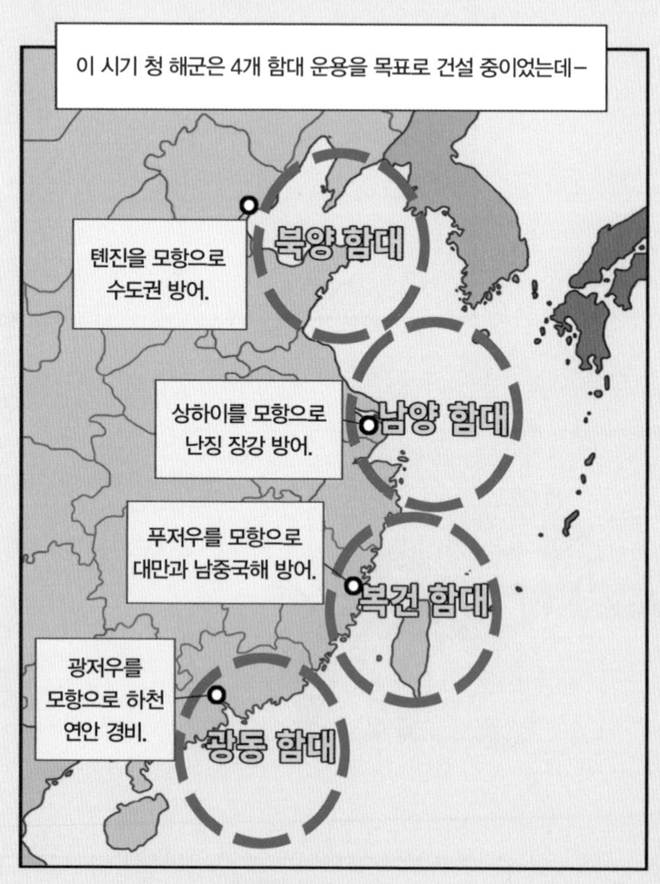
이 시기 청 해군은 4개 함대 운용을 목표로 건설 중이었는데–
텐진을 모항으로
수도권 방어.
북양 함대
상하이를 모항으로
난징 장강 방어.
남양 함대
푸저우를 모항으로
대만과 남중국해 방어.
복건 함대
광저우를
모항으로 하천
연안 경비.
광동 함대

복건 함대, 남양 함대, 광동 함대-
이 남방 3개 함대는 모두 복주선정국에서
건조하고 양성한 함선과 인력을
기반으로 하는 한 뿌리 함대들.

복주선정국은
좌종당 라인이고
북양 함대는
이홍장 라인이지…
그에 반해 북양 함대는
주로 수입 함선과 해외 유학 인력을
기반으로 해 남방 3개 함대와
그 근본을 달리한다.

중국제 함선을 어찌
믿을 수 있겠남…
북양 함대는 영국제,
독일제 함선으로 채운다.

이 남방 해군의 심장인 복주선정국이
위치한 푸저우의 복건 함대.

주력 함선 12척에 총톤수 9,900톤.
그 밖에 보조 선박 수십여 척.

기함 양무호는 1,560톤급
목조 경순양함으로
150파운드, 70파운드,
24파운드의 휘트워스포
16문으로 무장.
휘트워스포는 영국에서는
암스트롱포에 밀렸지만
기술적으로는 더 앞선 면도
있는 대포지요.

이 복건 함대를 때려 부수기 위해
몰려오는 프랑스 극동 함대의
전력은 총톤수 1만 4,500톤의
주력 함선 11척.

그 필두인 장갑순양함 트리옹팡호는
배수량 4,150톤에 240mm, 13mm 등의
Mle포 12문으로 무장.

철갑선이다, 철갑선!! 목조 선박에는 그냥 갖다 박기만 해도 이긴다!!

근데 저 철갑이라는 게 배를 통째로 철로 만든 게 아니라, 목재 골조에 철판을 붙인 거라 그렇게까지 으시댈 건 아니죠…
뭐, 본토 주력 함대에는 진짜 통짜 철선도 있긴 있지만, 아시아까진 안 보냄.

이처럼 체급과 방어력에서
청 복건 함대의 함선들과
프랑스 극동 함대의 함선들은
게임이 되지 않는 수준이었으니.

포 안 쓰고 싸워도 이기겠다…
크윽; 철판 떼고 붙자;;

1884년 8월 23일, 프랑스 함대가
민강을 거슬러 올라올 때
연안 포대들은 침묵을 지켰다.

ㄷㄷㄷ;;
이홍장이 선제 공격
하지 말라고 명했다지;

체급 차이가 너무 크니 우리가 먼저 쏴서 포격전 해봤자 이득이 없어…
푸저우의 중립국 선박들이 프랑스 함대의 선제 공격을 확인할 수 있도록 하는 게 낫지.

복건선정사무대신 장패륜 복건선정대신 하여장
(주일공사에서 영전)

8월 23일, 프랑스 함대는
복건 함대 앞에서 물때를 기다리며
오전 시간을 보내고.

으음, 아직 우리 주력 장갑순양함이 안 왔는데…

일단 어뢰정 출격!
공격 개시!!

오후 2시,
어뢰정 2척이 출격해
복건 함대의 기함
양무호로 향한다.

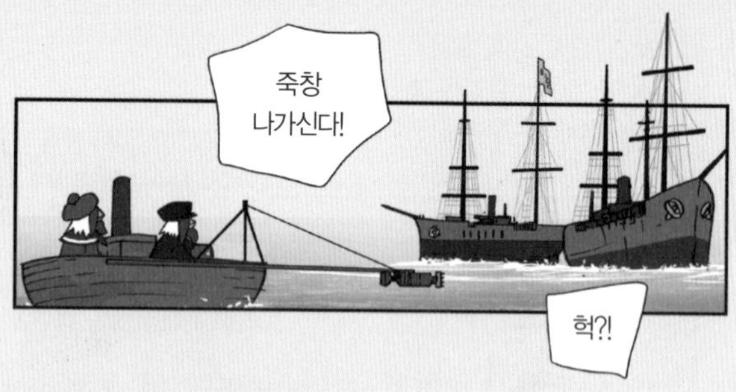
죽창
나가신다!
헉?!

활대 기뢰
자력 추진 어뢰는
이미 몇 년 전에
발명되어 있었지만.

이 어뢰정들은
자력 추진 어뢰를 발사하는 어뢰정이 아니라,
장대 끝에 기뢰를 달고 가는 놈들이었으니.

이 '활대 기뢰' 방식도 아직
쓰이고 있었던 거죠.
틱

적함에 다가가
활대를 밀어서 기뢰를
선체 하부에 접촉시켜
폭파.

ㅌㅌㅌ
BOOM

토피도!!!
촤아아

프랑스 어뢰정들의
활대 기뢰가 마강해전의
시작을 알리고.

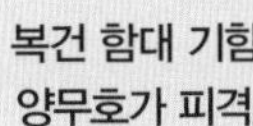

복건 함대 기함
양무호가 피격.

꽈릉
우와아악!

이어서 도착한 프랑스 함대의 장갑순양함들이
포문을 열어 복건 함대를 두들기기 시작한다.

투슝
까아아악!
쿠궁

복건 함대는
1시간도 안 되어 11척의
함선을 잃으며 전멸.

이걸
어찌하여?!
빨리 접고
다음 겜 가죠;;

장패륜과 하여장은 포화를 피해
후방으로 피신.

복건 함대의 장병들은
배가 모두 침몰하기 전, 모든 포화를
적 기함 함교로 집중하고.

투당
투탕
타다당
BOOM
전 탄 발사!!!

쿠와아
크헉;;
그 외에는 딱히 큰
피해가 없었죠.
마지막 발악에
죽을 뻔했네;;

이 집중 포화가
극동 함대 기함 볼타호의
함교를 덮쳐 함장 등
지휘부 10여 명이 사망.

적은 우리 함대를 전멸시켰다고
방심하고 있을 것.

전투 후,
야음을 틈타 복건 함대의
어뢰정이 프랑스 함대에
야습을 시도하기도.

하지만 프랑스 함대의 근접 방어에 걸려
야습은 실패로 끝난다.

ㄷㄷㄷ;;;
음? 기관포로
어뢰정을 쫓아낼 수
있다라?

아이고, 프랑스 기술로 지은
조선소를 프랑스 놈들이
때려 부수다니!! ㅠㅠ
But, 함포 사격으로 공업단지를
다 때려 부수는 건 무리였고,
이후 복건선정국은 독일 기술진과
기계들로 더 크게 재건됩니다.

복건 함대를 전멸시킨
프랑스 함대는
복건선정국 마미조선소도
함포 사격으로 파괴.

마강해전 소식에
빡친 청 조정은
1884년 8월 26일,
선전포고 발령.

더는 못 참는다!!
전쟁이다!! 전면전이다!!
오오오오!!!
더는 아편전쟁 때의
중국이 아님을
보여주자!!
프랑스는 끝까지
정식 선전포고를
안 했지만…

전국 각지에서는 백성의
반서양 폭동 발발.

양놈들
꺼져라!!
어떻게 나라
이름이
'F'랑 'S'?!
하; 보통은 영국 놈들
때문에 탈이었는데;
이번에는
프랑스냐.
요즘 영국은
착하게
산다고요;

No 프랑스!
노프! 노프!
NO FR
그렇게 된 고로, 프랑스 함대가 홍콩에 입항해 봤자 수리, 보급은 어렵겠네요;
크읏;; 일본 항구로 가야 하나;;

홍콩에서는 노동자들이 프랑스 함대를 위한 수리, 물자 보급을 거부하며 파업에 돌입.

복건선정국은 좌 대감이 그 기반을 닦았던 사업.
So, 공이 흠차대신으로 복건에 내려가 피해를 복구하고 방비의 재건을 총괄토록 하시오.
존명!

선전포고와 함께 좌종당이 흠차대신으로 남방으로 내려가게 되고.

에잉!! 거, 이홍장이 독일에 주문했다는 거대 전함 2척이 제때 들어왔다면 프랑스 놈들에게 저리 당하지는 않았을 터인데!
아, 정원 & 진원 말인가요?

1881년에 북양 함대에 쓸 전함 2척을 독일에 주문했는데-

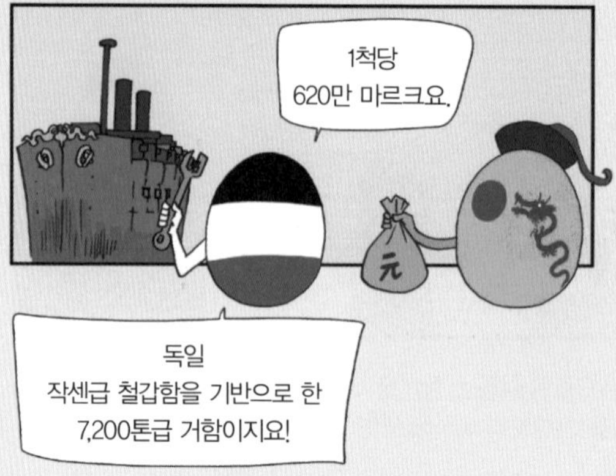
1척당
620만 마르크요.
독일
작센급 철갑함을 기반으로 한
7,200톤급 거함이지요!

1884년, 거진 완성되어
이제 중국까지 몰고 가기만
하면 되었지만…
중국에
신형 전함 인계
멈춰!!
헉;

함선 인도를 프랑스가 외교적 압력으로
막았기 때문에 저 두 전함이 청불전쟁 때
중국에 오지 못하게 되었다고들 하지요.

그런데 사실
조금만 생각해도 저 전함들이 이때
오지 못하게 된 게 오히려 다행인 것이…

으희흫!!
캐쉬템으로
발라주마!!

신형 전함을 인수해서
전력화하는 데만
1년 넘게 걸릴 텐데

그걸 미숙한 청 해군 인력들이 인수하자마자 멋대로 몰고 나갔다가는

즉시 프랑스 해군에 나포당하는
결말밖에는 보이지 않는군요.

독일제 신형함을 냅다 프랑스에
갖다 바치는 꼴이 되는 것…

뭣보다 저걸 독일에서 중국까지 배송할 경우,
프랑스 해군이 중간에 나포하겠다고
이미 으름장 놓고 있었다.

당케 메르시~ㅎ

그리고 신형 전함들이 배속될 북양 함대는
혹시 모를 적의 수도권 기습을 막기 위해
발해만에 짱박혀 있을 수밖에 없습니다.

텐진
상하이
푸저우
광저우
통킹
전멸한 복건 함대의
공백은 상하이의
남양 함대를 내려보내
메꿔야 합니다.
(광동 함대는
하천·연안 경비대라
쓸모가 없다.)

그리 남양 함대가 움직이게 되면
주요 항구, 요지들을 방어하기 위해
각지에 나가 있는 병력들의 재배치가 필요합니다.

쓸데없이 어디 짱박혀 있는
병력 있으면 다 불러서
요지 방위에 투입해야죠.

그렇게 각지
청군 병력의 재배치가
이뤄지게 되었으니-

이것이야말로
프랑스가 만들어 준
하늘의 때인가?!
Merci!
바게뜨!!
청불전쟁 발발!
To be
continued!

김옥균 in Japan

주요 사건 및 인물

주요 사건

러투전쟁과 베를린 회의

크림전쟁의 패배로 지중해를 향한 러시아의 남하는 잠시 멈추지만, 그 결의마저 꺾인 것은 아니었다. 오스트리아, 독일과 삼제동맹을 맺고 발칸반도의 여러 정교회 세력을 포섭한 러시아는 1877년 7월 다시 한번 오스만제국을 향해 남진하기 시작한다. 발칸산맥이 뚫린 오스만제국은 정교회 연합군에게 대패하고 이스탄불 함락 위기에 몰린다. 결국 오스만제국은 러시아에 굴복, 거대 불가리아 자치국의 성립을 골자로 하는 산스테파노조약을 강요당한다. 이 내용에 대해 영국과 프랑스가 강력히 반발하며 개입하고, 러시아도 물러나지 않자, 독일이 갈등 중재에 나서 1879년 6월 베를린 회의가 열린다. 그 결과 러시아는 러투전쟁으로 얻은 영토의 상당 부분을 다시 뱉어내야 했고, 불가리아의 영토도 원래 설정보다 크게 줄어들게 된다.

일본의 류큐 편입

일본은 메이지 유신 후 1872년 류큐의 법적 위치를 번왕국으로 규정한다. 1875년 류큐에 청나라와의 사신 왕래 금지를 통고하고, 1876년 류큐 처분사와 경찰 병력이 상륙해 주둔한다. 류큐의 쇼타이왕은 부랴부랴 청나라와 서구 국가들에 지원을 요청하지만, 별 도움을 받지 못한다. 결국 1879년 4월 일본은 류큐 처분령을 발령해, 류큐를 오키나와현으로 삼는다. 일본이 류큐 제도를 모두 차지하는 것을 경계한 미국이 나서 3분할안을 제시하고, 다시 청나라와 일본이 2분할안에 합의하지만 류큐 인사들의 반발과 이에 영향받은 청 조야의 반대 여론으로 끝내 어그러진다. 그렇게 류큐는 흐지부지 오키나와현이 된다.

《조선책략》 배포

일리 위기로 러시아와 청나라 간 긴장이 고조되던 시기, 주일 청 공사관의 참사관 황준현은 극동 방면에서의 러시아 견제를 위한 방책으로 《조선책략》을 제시한다. 요약하면 조선의 '친중·결일·연미'로, 즉 조선이 청과의 우의를 더욱 돈독히 하고 일본과 결속하며 미국과 수호조약을 맺어 러시아에 맞서야 한다는 것. 이런 내용을 담은 《조선책략》이 1880년 9월 조선에 유입된다. 미국과의 수교를 원하고 있던 조정은 적당한 명분이 될 《조선책략》을 전국에 배포한다.

조사시찰단 파견과 위정척사 운동

1881년 5월 고종은 일본의 서구 문물 도입 실태를 살펴보기 위한 조사시찰단을 꾸린다. 총 60명으로 구성된 조사시찰단은 일본으로 넘어가 약 3개월간 대장성, 외무성, 육군성, 문부성, 공부성, 사법성 등을 두루 살펴본다. 그 직전인 1880년 12월에는 일본이 서대문 근처에 최초의 공사관을 세우고, 얼마 뒤 일본 장교가 훈련하는 신식 군대인 별기군이 창설된다. 《조선책략》의 파격적 내용과 일본 세력의 틈입은 유림의 분노를 불러일으켰고, 결국 위정척사 운동이 대규모로 벌어진다. 흥선대원군 수하 세력은 이 분위기를 이용해 역모를 꾀하나 실패한다.

조미수호조약 체결

《조선책략》의 계책에 따라 청나라는 조선과 미국의 조약 체결을 주선한다. 회담은 1882년 3~4월 톈진에서 진행되었는데, 정작 당사국인 조선은 참여하지 못한다. 이홍장은 조선이 청나라의 속국이라는 내용을 넣고자 하나, 미국의 반대로 무산된다. 하지만 이후 조선이 직접 해당 내용이 담긴 알림장을 미국에 보내야 했다. 5월 인천에서 조선과 미국이 조미수호조약을 체결했는데, 성조기와 나란히 걸릴 조선의 국기로 태극기의 프로토타입이 처음 선보였다.

임오군란과 조청상민수륙무역장정

흥선대원군 집권기에는 군 우대 정책이 이루어졌으나, 고종 친정 이후로는 군 예산 삭감과 인원 감축이 진행되어 군부의 불만이 커진다. 그런 와중에 조운 난항 등의 이유로 군졸들의 임금마저 13개월치가 밀리게 된다. 그나마 한 달 치 봉급으로 나온 쌀자루에 겨와 썩은 쌀이 가득 차 있는 꼴을 본 구(舊)훈련도감 군졸들은 1882년 7월 임오군란을 일으킨다. 성난 군졸들은 민씨 척족과 고관들의 저택, 일본 공사관을 습격하고, 최종적으로 창덕궁까지 진입한다. 군란의 결과 흥선대원군이 권좌로 복귀한다. 이 과정에서 공사관을 습격당한 일본이 군대를 파견하고, 소식을 들은 청나라도 군대를 파견해 두 나라의 군대가 모두 조선에 상륙한다. 청일 양국은 청나라 주도의 사태 수습에 합의, 작전에 들어간 청군은 흥선대원군을 톈진으로 압송하고 난을 일으킨 군졸들을 제압한다. 이 군사 개입을 계기로 청나라는 조선과의 기존 중화질서하 조공·책봉 관계를 근대 국제법 체제하 종주국과 속국 관계로 재정립하기 위한 공정에 착수한다. 그 하나로 10월 조청상민수륙무역장정이 체결된다.

통킹 위기

베트남 북부 통킹만에서 하노이를 거쳐 중국 운남성을 잇는 중요한 수로인 홍강. 1870년대 홍강 중류에는 베트남에 공순한 태평천국군 잔당인 흑기군이 웅거하고 있었다. 이곳에 눈독을 들이던 프랑스는 1873년 11월 군대를 보내 하노이성을 점령하나 한 달 뒤 지휘관인 가르니에가 흑기군에게 사살당하고 물러난다. 9년 후인 1882년 4월 프랑스군은 다시 한번 하노이성을 점령하나 1883년 5월에 역시 흑기군에게 지휘관 리비에르가 사살당한다. 이에 프랑스는 대대적인 베트남 원정에 착수, 8월 프랑스 원정군 본대가 수도 후에로 밀고 들어가 베트남 조정의 항복을 받아낸다. 하지만 북쪽의 흑기군은 여전히 저항을 지속, 그해 말까지 전투가 벌어진다. 1884년 3월 통킹에 배치되어 있던 청군이 철수하고, 5월 청나라와 프랑스가 베트남을 프랑스의 세력권으로 인정하는 톈진조약을 맺으며 사태는 일단락된다. 그런데 바로 다음 달인 6월 베트남 북부에서 프랑스군과 청군의 우발적 교전이 벌어지자 프랑스 쥘 페리 내각은 강경 대응을 결정, 청조에 사죄와 배상을 요구하며 함대를 출동시킨다. 청나라가 프랑스의 요구에 불응하자 프랑스 함대는 푸저우의 복건 함대를 공격해 전멸시키고 이에 청나라가 전쟁을 선포하며 청불전쟁의 막이 오른다.

주요 인물

알렉산드르 고르차코프 Aleksandr Gorchakov

러시아의 외교관이자 정치가. 1856년 외무장관이, 1863년 재상이 되었다. 크림전쟁 후 러시아의 지위를 회복하고자 노력했다. 우선 보불전쟁으로 프랑스의 힘이 빠지자 1871년 독일의 지원을 얻어 흑해에서의 러시아 함대 활동을 합법화하는 런던조약을 성립시킨다. 이어서 삼제동맹 결성과 발칸반도의 정교회 세력 포섭을 성공적으로 수행해 러투전쟁을 승리로 이끈다. 하지만 믿었던 비스마르크에게 배신당해, 베를린 회의에서 영국과 프랑스, 오스만제국에 유리한 중재안이 만들어진다. 이에 크게 낙담한 고르차코프는 일선에서 물러나고 1883년 사망한다.

이동인 李東仁

조선 후기 승려로 조선에 파견된 일본 승려들과 교류하며 신문물에 감화되었다. 개화당 인사들과 의기투합하고 1879년 6월 일본으로 밀항, 일본 불교 정토진종의 도움을 얻어 각계 인사와 접촉해 정세를 살피는 한편 조선 개화당의 뜻을 전한다. 이후에는 민영익과 고종의 눈에 들어 통리아문의 참모관 자리도 얻고 1880년 10월 밀사로 일본에 파견된다. 그렇게 활발히 활동을 이어나가던 이동인은 1881년 3월 홀연히 실종되어 자취를 감춘다.

로버트 슈펠트 Robert Shufeldt

미국의 해군 제독으로 제너럴셔먼호 사건을 조사하기 위해 1867년 황해도에 들른 것으로 조선과 처음 관계 맺었다. 1879년 타이콘데로가호를 타고 세계 일주를 시작해, 1880년 5월 부산에 입항한다. 당시 슈펠트는 조선과 미국의 수교를 희망하며 일본 외무성이 써준 소개장을 들고 왔는데, 조선 측에 거부당한다. 하지만 이후 정세가 바뀌어 청나라의 주선을 통한 수교가 추진된다. 슈펠트는 1882년 봄, 톈진에서 이홍장과 협상을 마치고, 5월 인천에서 조선 측과 다시 협상해 조미수호통상조약을 체결한다.

김윤식 金允植

1881년 5월 고종은 일본에 조사시찰단을, 9월 청나라에 영선사를 보낸다. 이 영선사 단장을 맡은 이가 김윤식으로, 조선 후기의 대표적인 친청파이자 온건개화파다. 미국이 조선과의 수교를 놓고 청나라와 협상을 벌일 때 비록 직접 참여는 못 했지만, 테이블 밖에서 열심히 조정의 뜻을 전달했다. 임오군란이 터졌을 때는 사태의 성격과 일본의 예상 행보를 청나라 측에 설명해 청군의 파견을 이끈다. 이때 청군과 함께 귀국하며 원세개와 친분을 쌓는다. 조선에 도착한 후에는 청군의 도움으로 흥선대원군을 축출하는 계획을 고종에게 재가받고 실제로 진행되는 데 중요한 역할을 한다. 임오군란이 수습된 후에는 지금의 외교부에 해당하는 통리교섭통상사무아문의 요직을 맡는다. 이후에도 구한말의 정계 중심에 계속 자리하게 된다.

원세개 袁世凱

명문 가문 출신으로 어렸을 때부터 문(文)보다는 무(武)에 관심이 많았다. 양아버지의 추천으로 이홍장의 참모인 오장경(吳長慶)의 휘하로 들어가는데, 마침 임오군란이 터져 오장경과 함께 조선 땅을 밟는다. 이후 흥선대원군을 톈진으로 압송하고 남은 난병을 진압하는 데 혁혁한 전공을 세운다. 곧이어 새롭게 조직된 조선 중앙군인 친군영을 청나라식으로 훈련하고 갑신정변을 진압하는 등, 계속 조선에 머물며 다양한 임무를 수행해 성공적인 경력을 쌓아간다. 이후 중국사에서 중요한 거물로 부상하게 된다.

유영복 劉永福

태평천국이 발흥하던 1852년 광서성의 산적 두목 오능운이 연릉국을 세울 때 유영복은 그 수하로 들어간다. 1868년 오능운이 관군에 패해 죽고 그의 아들 오곤이 잔당을 이끌어 베트남으로 도주할 때 함께한다. 오곤은 독립 왕국 건설을 시도했으나 베트남과 청나라의 협공으로 멸망하고, 유영복은 휘하의 흑기군과 함께 베트남에 공순한다. 이후 홍강 중류에 자리 잡고 지역 군벌로 세력을 유지하다가, 베트남 조정이 도움을 요청해 프랑스군의 침입에 맞서 싸운다. 하노이성을 점령한 프랑스군의 지휘관을 두 차례나 사살하는 등의 전공을 세우지만, 결국 프랑스군의 본격적인 공세와 청군의 관망으로 싸움을 포기하고 후퇴한다. 이어지는 청불전쟁 때도 프랑스군에 맞서 싸우다가 전쟁 이후 중국으로 귀국하는데, 이후 새로운 모험을 찾아 대만으로 향하게 된다.

박영효 朴泳孝

조선 후기의 개화파이자 마지막 부마(駙馬). 김옥균 등과 함께 오경석에게 가르침을 받은 개화당 인사 중 한 명이다. 임오군란 후 청나라는 서울에 군대를 주둔시키고 조청상민수륙무역장정을 강요하며 조선의 실질적 속국화에 박차를 가한다. 이에 불만을 품은 고종은 임오군란 사과 사절로 일본에 가는 김옥균과 박영효에게 밀명을 하달, 조선의 근대화와 자립 지원 의사를 타진토록 한다. 일본에 도착한 김옥균과 박영효는 배상금 50만 엔의 10년 분할 상환과 차관 17만 엔 대출 합의를 이끌어 낸다. 여담으로 일본으로 가는 배 안에서 지금의 모습과 같은 태극기를 확정했다고 한다. 이후 갑신정변을 주도하고 구한말 난세 오욕의 풍파 속에 부침을 거듭하는 인생을 보내게 된다.